tredition®

www.tredition.de

AF200254

Peter Piasecki/Kai Sundermeier/Eva Wieber

E-Learning in der Logistikausbildung

BMBF Verbundvorhaben: »ELoQ – Zukunftsorientiertes Konzept zur Qualifizierung von Menschen mit Behinderungen in der Logistik mittels barrierefreier Bildungstechnologie« –

Teilprojekt CJD Dortmund: Entwicklung und Umsetzung

www.tredition.de

Autoren: Peter Piasecki/Kai Sundermeier/Eva Wieber
Umschlaggestaltung, Illustration: Nadine Bojarra
Lektorat, Korrektorat: Eva Wieber, Kai Sundermeier
weitere Mitwirkende: Nadine Bojarra, Andreas Holzem

Verlag: tredition GmbH, Hamburg
ISBN: 978-3-8495-4507-9
Printed in Germany

Das dieser Veröffentlichung zugrunde liegende Vorhaben wurde mit Mitteln des Bundesministeriums für Bildung und Forschung unter dem Förderkennzeichen 01PF07032B gefördert. Die Verantwortung für den Inhalt dieser Veröffentlichung liegt bei den Autoren (S. BNBest-BMBF 98, 6.4).

Bibliografische Information der Deutschen Nationalbibliothek:
Die Deutsche Nationalbibliothek verzeichnet diese Publikation in der Deutschen Nationalbibliografie; detaillierte bibliografische Daten sind im Internet über http://dnb.d-nb.de abrufbar.

Inhaltsverzeichnis

Vorwort

Das hier von Peter Piasecki, Kai Sundermeier und Eva Wieber vorgelegte Buch zum Thema »E-Learning in der Logistikausbildung« basiert auf einem BMBF-Forschungs- und Entwicklungsprojekt, welches das CJD Dortmund in Verbindung mit der Technischen Universität Dortmund in den Jahren von 2009 bis 2012 unter dem Titel »ELoQ – E-Learning basierte Logistik Qualifizierung« durchgeführt hat. In dem Projekt ging es darum, eine zukunftsorientierte Ausbildung von Menschen mit Behinderung durch transferfähige Konzepte und dem Einsatz neuer Medien in der Berufsqualifizierung für die Berufe Fachlageristin und Fachlagerist, Fachkraft für Lagerlogistik sowie Lagerfachhelferin und Lagerfachhelfer umzusetzen. Auszubildende mit Behinderung sollen in der Logistikausbildung mit Hilfe von ergänzenden E-Learning-Modulen flexibel qualifiziert werden. Hierdurch sollen die regulären Ausbildungsbausteine und etablierte Ausbildungskonzepte erweitert werden. Es geht darum, barrierefreies E-Learning inklusiv als Bestandteil auch in der Ausbildung von Menschen mit Behinderung zu etablieren.

Die Ausbildung im Bereich Logistik, hier am Dortmunder CJD-Standort, insbesondere für den Ausbildungsberuf Fachlageristin bzw. Fachlagerist, bindet sich ein in die Logistik-Region östliches Ruhrgebiet, wobei Dortmund hier einen Schwerpunkt darstellt. In Dortmund finden wir eine lückenlose Ausbildungskette von der Technischen Universität über die Fachhochschule bis zur qualifizierenden Berufsausbildung und zur Ausbildung von Menschen mit Behinderungen für diesen Wirtschaftssektor. Das CJD Dortmund selber hat vor acht Jahren die Ausbildung in diesem sehr zukunftsorientierten Bereich aufgenommen und stetig weiterentwickelt. Heute ist die Logistikausbildung für junge Menschen mit Behinderungen, die einen Abschluss vor der Industrie- und Handelskammer anstreben, ein wichtiger Baustein im Portfolio der Ausbildungsberufe im CJD Dortmund. Aus dieser Entwicklung und unserem Verständnis von Ausbildung haben wir das Projekt, welches durch das Bundesministerium für Bildung und Forschung finanziell gefördert wurde, aufgegriffen und mit der Technischen Universität Dortmund, mit den Lehrstühlen Berufspädagogik und Berufliche Rehabilitation sowie Rehabilitationstechnologie der Fakultät für Rehabilitationswissenschaften (Prof. Dr. Horst Biermann und Prof. Dr. Bühler), die Arbeit im Projekt ELoQ kompetenzorientiert umgesetzt. Zusätzlich konnten als Erprobungspartner die Unternehmen Dachser Dortmund, Bethel ProWerk und das Josefsheim Bigge gewonnen werden, die sich gerne in das Projekt eingebunden haben.

Das hier vorgelegte Buch basiert auf diesem Projekt und beinhaltet die Aufgaben, die das CJD Dortmund im Teilprojekt Entwicklung und Umsetzung durchgeführt hat. Dabei wurde das Hauptziel des Projektes voll erreicht. Es lautete: »Unterstützung der zukunftsorientierten Ausbildung von Menschen mit Behinderung mit transferfähigen Konzepten, des Einsatzes neuer Medien in der Berufsqualifizierung und die nachhaltige Etablierung neuer Medien als Lehr-, Lern- und Arbeitsmittel in der beruflichen Bildung von angehenden Lagerfachhelfern und Fachlageristen«.

Danken darf ich abschließend den beiden Lehrstuhlinhabern der Technischen Universität Dortmund, Herrn Prof. Dr. Biermann und Herrn Prof. Dr. Bühler, die das Projekt wissenschaftlich begleitet, unterstützt und evaluiert haben, sowie dem wissenschaftlichen Beirat für seine Unterstützung und die zahlreichen innovativen Anregungen: Herrn Markus Besserer, Gesamtleiter Verbund CJD Rheinland, Herrn Klaus Bourdick, Leiter des Geschäftsbereichs Berufsbildung der IHK Arnsberg, Herrn Dr. Christian Jacobi, Geschäftsführender Gesellschafter agiplan GmbH, Mülheim an der Ruhr, Frau Univ.-Prof. Dr. Dr. Mathilde Niehaus, Lehrstuhl für Arbeit und Berufliche Rehabilitation, Universität zu Köln und Frau Kirsten Vollmer, wissenschaftliche Mitarbeiterin am Bundesinstitut für Berufsbildung (BiBB), fachliche Geschäftsführung des Ausschusses für Fragen behinderter Menschen (AFbM). Darüber hinaus gilt mein Dank auch den beteiligten Unternehmen und den Mitarbeitenden aus den Firmen Dachser, Bethel ProWerk und Josefsheim Bigge, die sich als verlässliche Erprobungspartner in das Vorhaben haben einbinden lassen und somit die Breitenwirkung unterstützen.

Das hier vorgelegte Buch wird zum ersten Mal auf der Fachmesse Transport-Logistik im Sommer 2013 in München vorgelegt und der Öffentlichkeit präsentiert. Gerne wünsche ich den Autorinnen und Autoren des Bandes einen guten Erfolg und eine breite Leserschaft, damit die vielen guten Ideen und Möglichkeiten, die durch das Projekt der Fachöffentlichkeit bekannt gemacht werden, eine weite Verbreitung finden.

Dortmund, im März 2013

Andreas Holzem
Gesamtleiter CJD Ruhrgebiet-Niederrhein

1. Einleitung und Aufgabenstellung

Im Jahre 2007 hat das Bundesministerium für Bildung und Forschung (BMBF) ein Förderprogramm im Bereich »Förderung von Vorhaben zur Entwicklung und zum Einsatz digitaler Medien in der beruflichen Qualifizierung« ausgeschrieben. Im Kontext der Ausschreibung haben die Technische Universität Dortmund und das CJD Dortmund im Christlichen Jugenddorfwerk Deutschlands von 2009 bis 2012 ein Verbundvorhaben zur Unterstützung einer zukunftsorientierten Ausbildung von Menschen mit Behinderungen in der Logistik durch den Einsatz barrierefreier neuer Medien in der Berufsqualifizierung/beruflichen Bildung gem. Zuwendungsbescheid vom 27.08.2009 realisiert – Projekttitel: ELoQ, E-Learningbasierte Logistik Qualifizierung – Zukunftsorientiertes Konzept zur Qualifizierung von Menschen mit Behinderungen in der Logistik mittels barrierefreier Bildungstechnologie. Im CJD Dortmund wurde das Teilprojekt »Entwicklung und Umsetzung« realisiert, auf dem diese Publikation fußt. Auf Inhalte, die in einer gemeinsamen Vorhabenbeschreibung mit der TU Dortmund erstellt worden sind, wird partiell Bezug genommen. Das zweite Teilprojekt des Verbundvorhabens wurde von der TU Dortmund mit dem Teilprojekt »Wissenschaftliche Begleitung und Evaluation« umgesetzt.

Das Hauptziel des Vorhabens »ELoQ – E-Learningbasierte Logistik Qualifizierung« ist die Unterstützung der zukunftsorientierten Ausbildung von Menschen mit Behinderung durch transferfähige Konzepte des Einsatzes neuer Medien in der Berufsqualifizierung und die nachhaltige Etablierung neuer Medien als Lehr-, Lern-und Arbeitsmittel in der beruflichen Bildung von angehenden Lagerfachhelfern und Fachlageristen.

Zur Erreichung dieses Ziels wurde in fünf Arbeitsmodulen eine Curriculumstruktur für die Qualifizierung im Bereich Logistik und Lagerwirtschaft entwickelt und neue Medien als barrierefreie Selbstlernmaterialien konzipiert, entwickelt und erprobt, wobei auch Aspekte des Universal Design for Learning (UDL) und des Universal Design of Instruction (UDI) berücksichtigt wurden. Zur nachhaltigen Verankerung des Einsatzes wurden zudem didaktische Szenarien konzipiert sowie die Ausbilder/-innen der Erprobungspartner entsprechend qualifiziert. Die gesamten Arbeiten wurden flankiert von Evaluations- und Transfermaßnahmen.

Der Einsatz neuer Medien in der Berufsausbildung junger Menschen zur Förderung von selbstgesteuertem und handlungsorientiertem Lernen im Arbeits- bzw. Ausbildungskontext hat sich zunehmend verbreitet. Zumeist verfügen junge Auszubildende über grundlegende Computerkenntnisse, die im Lern- und Arbeitskontext jedoch nur defizitär zum Einsatz kommen. Die steigenden beruflichen Qualifikations- bzw. Leistungsanforderungen und die oftmals konträr dazu stehenden fachlichen sowie sozialen Fähigkeiten insbesondere benachteiligter junger Menschen erfordern eine didaktische Reorganisierung der Lernprozesse bzw. bestehender Lernmodelle. Durch die integrierte Nutzung des Computers als Arbeitsgerät in Lehr- und Lernprozessen sollen eine Individualisierung, Handlungsorientierung sowie ein stärkerer Bezug zur Arbeits- und Lebenswelt der jungen Menschen mit Behinderungen unterstützt werden.

Neben dem übergeordneten Gesamtziel des Vorhabens – der Entwicklung barrierefreier Lernmaterialien und -module zur Unterstützung einer zukunftsorientierten Qualifizierung von Auszubildenden mit und ohne Behinderung im Bereich Logistik – lassen sich folgende kleinschrittige Teilziele des Projekts definieren:

- Vermittlung von Medienkompetenz und Förderung des selbstständigen Lernens durch Entwicklung von arbeitsprozessorientierten und in den Arbeitskontext der Auszubildenden integrierten Online-Lernmaterialien;

- Entwicklung eines integrierten didaktischen Konzepts zum Einsatz der Materialien;

- Kompetenzvermittlung durch den Einsatz von barrierefreier Bildungstechnologie und, damit verbunden, die Verbesserung der beruflichen Startchancen, insbesondere für benachteiligte oder behinderte Auszubildende;

- Konzepte zur medialen Kompetenzvermittlung auf Ausbilderebene.

Zur wissenschaftlichen und fachlichen Qualitätssicherung des Vorhabens ELoQ wurde ein Beirat berufen, der sich wie folgt zusammensetzte:

- Herr Markus Besserer, Gesamtleiter Verbund CJD Rheinland;
- Herr Klaus Bourdick, Leiter des Geschäftsbereichs Berufsbildung der IHK Arnsberg;
- Herr Dr. Christian Jacobi, Geschäftsführender Gesellschafter agiplan GmbH, Mülheim an der Ruhr;
- Frau Univ.-Prof. Dr. Dr. Mathilde Niehaus, Lehrstuhl für Arbeit und Berufliche Rehabilitation, Universität zu Köln;
- Frau Kirsten Vollmer, Wissenschaftliche Mitarbeiterin am Bundesinstitut für Berufsbildung (BiBB), fachliche Geschäftsführung des Ausschusses für Fragen behinderter Menschen (AFbM).

Aufgabe des Beirats war es, dem Vorhaben in wissenschaftlicher und fachlicher Expertise beratend zur Seite zu stehen und somit zum Gelingen des Vorhabens beizutragen. Der Beirat wurde in regelmäßigen Abständen einberufen, um über den aktuellen Stand der Projektarbeiten und -aktivitäten informiert zu werden und ggf. Anregungen für den Fortgang der Arbeiten zu liefern. Hierbei ging es sowohl um die Diskussion wissenschaftlicher Aspekte aus dem Bereich der Berufsbildung als auch um wirtschaftliche Anregungen aus der Unternehmenspraxis im Logistiksektor.

2. Projektvoraussetzungen

Insbesondere aufgrund des strukturellen Wandels in der Ruhrregion bietet ELoQ durch die thematische Orientierung an den zukunftsorientierten Ausbildungsberufen des Lagerfachhelfers/Lagerfachhelferin sowie des/der Fachlageristen/Fachlageristin auch geringqualifizierten jungen Menschen eine nachhaltige Chance auf Beschäftigungsperspektiven. Bisher durchgeführte Projekte wie zum Beispiel LogEduGate richteten sich vornehmlich an Höherqualifizierte oder sogar an Studierende der einschlägigen Fachrichtungen.

Der Einsatz von E-Learning-Angeboten, die anhand konkreter Arbeitsprozesse aus dem Logistikbereich entwickelt werden, soll, neben der Schulung im Sinne einer kompetenten und selbstbestimmten Nutzung digitaler Medien sowie einer Förderung der allgemeinen Medienkompetenz, den beruflichen Startchancen junger Erwachsener zu Gute kommen.

Der Einsatz von Bildungstechnologie in der Berufsausbildung kann nur mittels integrierter didaktischer Konzepte umgesetzt werden. Die Fokussierung auf ein *Lernen im Prozess der Arbeit* in der Entwicklung des Lernangebots sollte den Bezug zum Lebens- und Arbeitsalltag der Auszubildenden gewährleisten und so den Personenkreis neu motivieren. Die Einbindung der Ausbilder/-innen in die Konzeptentwicklung und -anwendung zielte auf Veränderungen der Lern- und Ausbildungsformen sowie eine dauerhafte Verankerung in der Berufsausbildung.

Barrierefreie Bildungstechnologie in Form von Selbstlerneinheiten, Lerninfrastrukturen und offenen Lernarrangements für Menschen mit Behinderungen, Benachteiligungen und/oder auch Lerneinschränkungen fand in bisher durchgeführten Projekten nur partiell Anwendung. Für viele Ausbildungsberufe stehen überhaupt keine Materialien zur Verfügung, die den Ansprüchen der Barrierefreiheit genügen.

Der ganzheitliche Ansatz, den ELoQ nach obig formulierter Zielsetzung verfolgt, sollte die Lücke in der Ausbildung benachteiligter junger Menschen in vorberuflicher bzw. beruflicher Ausbildung gemäß § 66 BBIG bzw. § 42m HwO[1], in der bislang solche medialen Angebote nur anteilig bzw. defizitär umgesetzt wurden, schließen.

---

[1] Ausbildungen nach § 66 BBIG bzw. § 42m HwO kommen ausschließlich für Menschen mit Behinderungen in Betracht. Sie können für behinderte Menschen erwogen werden, bei denen eine Regelausbildung innerhalb eines anerkannten Ausbildungsberufes aufgrund der Art und Schwere ihrer Behinderung nicht in Betracht kommt und die daher einer besonderen Förderung bedürfen.

3. Planung und Ablauf

Das gesamte ELoQ-Projekt war modular strukturiert, wobei die Module und darin enthaltene Arbeitspakete an vielen Stellen eng miteinander verzahnt waren bzw. einander sogar bedingten. Eine chronologische Modulbearbeitung war daher nicht möglich. Vielmehr waren die einzelnen Module nach thematischen Schwerpunktsetzungen gegliedert, die aufeinander aufbauten.

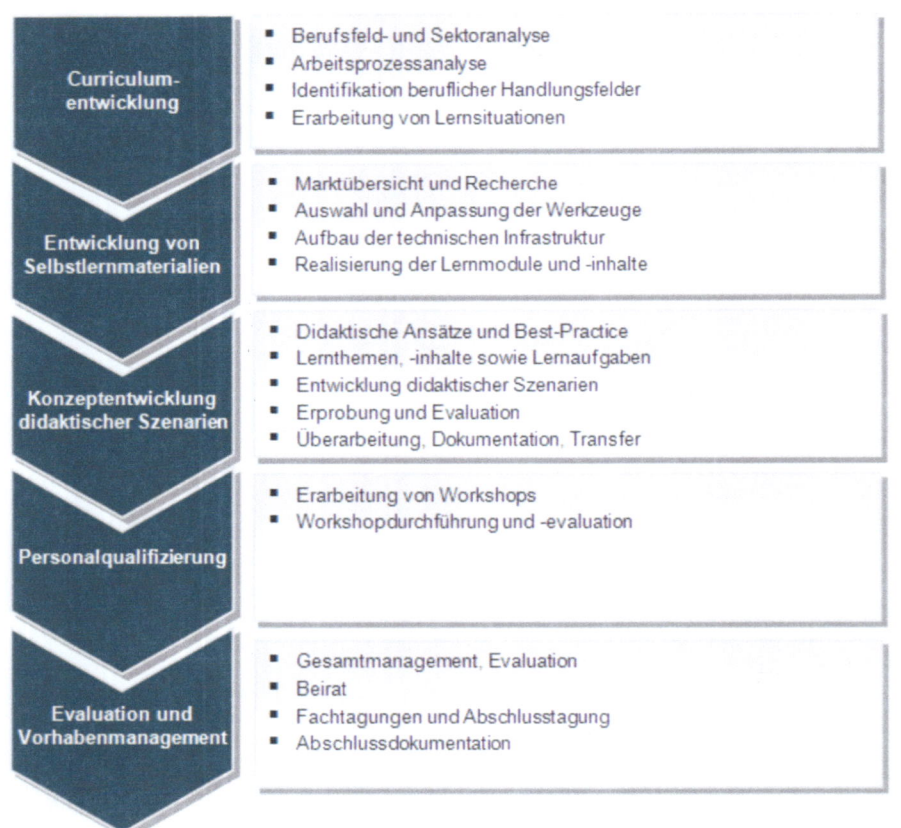

Abbildung 1: Modulübersicht ELoQ

3.1 Entwicklungsphase

Das Projekt startete mit einer Entwicklungsphase, in der organisatorische Grundlagen für die Zusammenarbeit der Verbundpartner näher spezifiziert wurden. Im Zuge dieser Entwicklungsphase wurden zudem erste Dokumente und Leitfäden entwickelt, die für die Anfangsarbeiten im Projekt benötigt wurden. Dies bezog sich vornehmlich auf die Arbeiten, die für die Entwicklung und Ausarbeitung einer Curriculumstruktur erwartet wurden.

1) Festlegung der Projektorganisation und Kommunikation zwischen den Vorhabenbeteiligten;

2) Erarbeitung eines Kriterienkatalogs zur Analyse einzelner Arbeitsaufträge und -prozesse in den zu begehenden Unternehmen;

3) Überarbeitung eines Interviewleitfadens für Unternehmen;

4) Übersicht zu Personalentwicklungsstrategien und Qualifizierungsformen im Logistiksektor, insbesondere unter Berücksichtigung des Nachteilsausgleichs;

5) Durchführung/Dokumentation von Interviews in Unternehmen sowie Arbeitgebervertretungen;

6) Durchführung/Dokumentation der Arbeitsprozessanalyse;

7) Anpassung und Überarbeitung des KMK-Rahmenlehrplans bzw. des Curriculums des Ausbildungsberufes durch die Analyse der Arbeitsprozesse/ggf. Eruierung neuer beruflicher Handlungsfelder;

8) nach Abschluss der Auswahl des LMS und Autorenwerkzeug Einführung in die Nutzung der Tools zwecks Einarbeitung der Lerninhalte;

9) Testung und Rückmeldung zu den erstellten Kursvorlagen;

10) Kriterien zur Auswahl geeigneter Lernthemen/Umfrage;

11) Festlegung der Lernthemen sowie der didaktischen Darreichungsform;

12) Eruierung und Übersicht von Best-Practice-Ansätzen zur Integration von Bildungstechnologie in Ausbildung sowie Stärken-Schwächen-Profil der untersuchten Ansätze;

13) Materialentwicklung

- Entwicklung didaktischer Szenarien;
- Aufbereitung des Fachwissens in Lerneinheiten/Lernthemen;
- Entwicklung der Lernobjekte als kleinste, mit Fachwissen ausgestattete, E-Learning-Einheit;
- Beteiligung/Entwicklung von handlungsorientierten, an Arbeitsprozessen ausgerichteten, Lernsituationen.

3.2 Erprobungs- und Implementierungsphase

Ziel der Erprobungs- und Implementierungsphase war es, durch Testungen mit den Auszubildenden sowohl Rückmeldungen zur technischen Infrastruktur und Bedienbarkeit als auch zu inhaltlichen Aspekten sowie zur Nutzerfreundlichkeit der E-Learning-Angebote zu erhalten. Hinzu kam in dieser Phase die Qualifizierung des Ausbildungspersonals im Umgang mit den technischen Möglichkeiten, die die entwickelte Plattform den Ausbilder/-innen bietet. Ziel war zudem die Motivation des Ausbildungspersonals, selbst fachliche Inhalte zu erstellen und auf der ELoQ-Plattform zur Verfügung zu stellen: zum einen für die eigenen Auszubildenden und zum anderen, um sich mit anderen Ausbilderinnen und Ausbildern austauschen zu können. Diese Phase schloss mit der inhaltlichen und technischen Überarbeitung ab. Folgende Teilarbeiten wurden durchgeführt:

1) Entwicklung und kontinuierliches Redesign der Lernszenarien/Lernsituationen;

2) Anpassung/Erstellung von vereinfachten Lernsituationen;

3) sprachliche und didaktische Überarbeitung der Lernobjekte/Lernszenarien innerhalb der technischen Infrastruktur (LMS);

4) Konzeption von Workshops für Ausbilder/-innen/Entwicklung eines Leitfadens zur Konzeption von Lerninhalten;

5) inhaltliche Vorbereitung der 2. Fachtagung;

6) Vorbereitung der Evaluation im CJD Dortmund und bei den Erprobungspartnern.

3.3 Transfer- und Festigungsphase

Innerhalb der Transfer- und Festigungsphase wurden Begleitmaßnahmen realisiert, die neben der generellen Bekanntmachung des Projekts, auch motivierende Konzepte zur Nutzung und Mitarbeit an den Online-Lernmaterialien seitens des Ausbildungspersonals beinhalteten. Diese Begleitmaßnahmen wurden wie folgt umgesetzt:

1) Ausrichtungen von Tagungen und Workshops zur Bekanntmachung des Projekts und der Online-Lernmaterialien;

2) kontinuierliche Durchführung von Projekttreffen zwischen den Vorhabenpartnern;

3) kontinuierliche Durchführung sowie Vorbereitung von Beiratstreffen;

4) Transfer zur Erstellung von Lerninhalten sowie Tipps und Tools zur Nutzung bzw. Erstellung von E-Learning-Angeboten;

5) Mitarbeit/Erstellung von Informationen für die Projekthomepage.

3.4 Fachwissenschaftliche Einbindung

In Wissenschaft und beruflicher Praxis werden handlungsorientierte Methoden zur ganzheitlichen Wissensvermittlung in der Ausbildung junger Menschen als unabdingbar angesehen. Die aktuellen Rahmenlehrpläne, darunter auch der Rahmenlehrplan zur Ausbildung von Fachlageristen/-innen, enthalten keine konkreten methodischen Festlegungen für den Unterricht, erkennen jedoch »selbst[st]ändiges und verantwortungsbewusstes Denken und Handeln als übergreifendes Ziel der Ausbildung«[2] an und empfehlen Unterrichtsformen, in denen Handlungsorientierung und selbstständige Arbeitsformen Teil des methodischen Gesamtkonzeptes sind.

Laut einer Expertise, die im Rahmen des EloQ-Projekts erarbeitet wurde, finde im Rahmen der Berufsausbildung vermehrt eine Fokussierung auf die Ausbildung unternehmensspezifischer Fähigkeiten und Kenntnisse, die an den praktischen Einsatz im jeweiligen Ausbildungsbetrieb gekoppelt sind, statt. Eine breite Kenntnisvermittlung des Berufsfeldes trete in den Hintergrund. Die

---

[2] Sekretariat der Kultusministerkonferenz, Referat Berufliche Bildung und Weiterbildung (Hrsg.)(2007): KMK-Rahmenlehrplan, S. 8.

Ausbildung fachlicher Fähigkeiten und Kenntnisse sei somit abhängig vom jeweiligen Tätigkeitsspektrum des Ausbildungsbetriebes. So könne es vorkommen, dass nicht alle in den Ausbildungsordnungen definierten Tätigkeitsfelder und Lernbereiche durch den praktischen Einsatz in den Ausbildungsbetrieben abgedeckt werden. Diese Tatsache stelle eine wesentliche Chance für E-Learning dar. Die nicht durch den unternehmensspezifischen praktischen Einsatz in den Betrieben abgedeckten theoretischen Fachinhalte könnten sinnvoll durch Online-Lernsequenzen ergänzt werden (vgl. unveröffentlichte Expertise Projekt ELoQ, 2011).

Nach jetzigem Stand konzentriere sich der Einsatz von E-Learning-Konzepten zur besseren Integration von Benachteiligten oder Behinderten stark auf den Bereich der Lagerhaltung, andere gewerbliche Tätigkeiten böten aber ebenfalls Ansatzpunkte für die Integration von Menschen mit Handicaps. In einer Arbeitswelt mit einem steigenden Anteil IT-gestützter Aufgaben sei E-Learning als eine logische Konsequenz anzusehen. Durch den Einsatz von E-Learning könne der digitale Graben für Benachteiligte reduziert und neue arbeitserleichternde IT-Arbeitshilfsmittel nutzbar gemacht werden. Insbesondere im Zuge innovativer Kommissionierungs- und Lagerhaltungstechnologie könnten Einsatzmöglichkeiten für Menschen mit Handicaps geboten werden (vgl. unveröffentlichte Expertise Projekt ELoQ, 2011).

Die Erhöhung von Technisierung/Automatisierung steht folglich nicht konträr zu den Einsatzmöglichkeiten für Menschen mit Behinderungen im Logistiksektor. Fest steht, dass sich E-Learning-Sequenzen für die Vermittlung des benötigten Fachwissens sowie der in den Arbeitsprozessen erforderten Handlungs- und Methodenkompetenz, insbesondere auch für Menschen mit Behinderung/Benachteiligungen, eignen.

ELoQ berücksichtigte diese Aspekte in der gesamten Projektkonzeption und machte es sich zur Aufgabe, ein Online-Lernangebot zu entwickeln, das die Qualifikation von Menschen mit Behinderungen in der Logistikausbildung durch innovative Ansätze sowie einer Gestaltung von Selbstlernmaterialien, die den Ansprüchen der BITV[3] gerecht werden, nachhaltig verbessert und so Beschäftigungsfähigkeit fördert. Bei der Entwicklung der Lernmaterialien wurden sowohl der Aspekt der Barrierefreiheit als auch der des *Designs für alle* berücksichtigt. Dies hieß für die Konzeption des Onlineangebotes, dass das Angebot allen Menschen einen Zugang ermöglichen sollte und sich nicht auf die Anforderungen einzelner Behinderungen beschränkt.

3.5 Zusammenarbeit mit anderen Stellen

Im Rahmen des Projekts ELoQ konnte das CJD Dortmund, neben der Zusammenarbeit mit dem *DLR* und dem *BMBF,* vor allem über die im Projekt konzeptionierte Arbeitsprozess- und Sektoranalyse, die im Projekt angelegten Fachtagungen und Besuche externer Veranstaltungen im Förderschwerpunkt »Förderung von Vorhaben zur Entwicklung und zum Einsatz digitaler Medien in der beruflichen Qualifizierung« sowie Präsentationen auf nationalen und internationalen Tagungen Kontakt zu folgenden Einrichtungen aufbauen und/oder intensivieren:

- Kooperationsvertrag Technische Universität Dortmund

  - Fakultät für Rehabilitationswissenschaften: Fachbereich Berufspädagogik und Berufliche Rehabilitation;

  - Fakultät für Rehabilitationswissenschaften: Fachbereich Rehabilitationstechnologie.

---

[3] BITV: Verordnung zur Schaffung barrierefreier Informationstechnik nach dem Behindertengleichstellungsgesetz, Kurztitel: Barrierefreie Informationstechnik Verordnung. Diese Verordnung ist als Ergänzung des Behindertengleichstellungsgesetzes (BGG) zu betrachten. Diese Verordnung gilt für alle Internetauftritte sowie alle öffentlich zugänglichen Intranetangebote von Behörden der Bundesverwaltung. Sie regelt die Bedingungen, die zu erfüllen sind, damit auch behinderten Menschen ein barrierefreier Zugang zur Informationstechnologie ermöglicht werden kann.

- Zusammenarbeit mit …

  … verschiedenen Bildungsträgern;

  … verschiedenen Berufskollegs;

  … mittelständischen Unternehmen;

  … verschiedenen Kammern;

  … dem Bundesinstitut für Berufsbildung;

  … verschiedenen Verbänden der Logistik- und Metallindustrie;

  … dem EffizienzCluster LogistikRuhr;

  … verschiedenen Hochschulen.

4. Projektmodule

Das Verbundvorhaben »ELoQ – Zukunftsorientiertes Konzept zur Qualifizierung von Menschen mit Behinderungen in der Logistik mittels barrierefreier Informationstechnologie« sollte – neben der fachlichen Qualifizierung von Auszubildenden der Fachrichtung Lager/Logistik mit Hilfe didaktisch aufbereiteter Online-Selbstlernmaterialien – Handlungskompetenz im Prozess der Arbeit, selbstständiges Lernen sowie Medienkompetenz fördern und schulen. Dieser Ansatz des Projekts war als eine notwendige Voraussetzung für die Vermittlung der jungen Menschen in den Ersten Arbeitsmarkt sowie als ein Erfordernis mit Blick auf das Bestehen einer Berufsabschlussprüfung, Berufsbewährung, Beschäftigungschancen und Weiterqualifizierung anzusehen.

Zielgruppe des Verbundvorhabens waren Auszubildende aus den Berufen Lagerfachhelfer/-in sowie Fachlagerist/Fachlageristin. Alle Projektanteile sollten berufsbezogen, integrativ und unter dem Aspekt der Barrierefreiheit realisiert werden.

Insbesondere für die Ausbildungsgänge nach § 66 BBiG bzw. § 2m der HwO fehlten bislang entsprechende Selbstlernmaterialien, die online und barrierefrei zur Verfügung stehen. Lernmanagementsysteme (LMS) und Web-Based-Trainings sind häufig für Menschen mit Behinderungen und/oder Handicaps nur unzureichend zugänglich. Durch die Konzeption von barrierefreien Onlinematerialien im Bereich der Logistik hat es sich ELoQ zur Aufgabe gemacht, ein Lernangebot zu entwickeln, das für alle Menschen zugänglich ist, ob behindert oder nicht behindert und ebenso unabhängig von der Art der Behinderung. Obwohl die Erprobungspartner Menschen mit unterschiedlichen Behinderungen ausbilden, konnte man den Bereich der kognitiven und neurologischen Behinderungen/Einschränkungen bei der im Projekt angesprochenen Zielgruppe fokussieren. Die Zielgruppe der kognitiv und neurologisch beeinträchtigten Auszubildenden wurde insbesondere im Hinblick auf die Gestaltung der Lernobjekte als kleinste E-Learning-Einheit berücksichtigt. Hier wurde daher in großen Teilen eine *leichte Sprache* umgesetzt.[4]

Insgesamt gliederte sich das Projekt in fünf Teilmodule, auf die im Folgenden näher eingegangen wird.

4.1 Modul 1 Curriculumentwicklung

Ziel in Modul 1 war es, über eine gezielte Sektor- und Arbeitsprozessanalyse im Bereich der Logistik Entwicklungstendenzen und Strömungen des Sektors zu eruieren und mit den bestehenden Ausbildungsordnungen abzugleichen. Hierbei sollten die Curricula hinsichtlich technischer, organisatorischer und didaktischer Inhalte geprüft werden. Auch der Aspekt, wie bestehende Ausbildungsordnungen an die individuellen Bedarfe[5] benachteiligter oder behinderter junger Menschen in der Berufsausbildung angepasst werden können, wurde im Zuge der Arbeiten in Modul 1 berücksichtigt. Ergebnis des Moduls sollte eine überarbeitete, den aktuell eruierten Entwicklungstendenzen angepasste Curriculumstruktur für den Ausbildungsbereich der Lagerlogistik sein. Auf Grundlage der angepassten beruflichen Handlungsfelder, die durch Fallstudien und Unternehmensbegehungen (zielgerichtete Arbeitsprozessanalysen) vor Ort identifiziert wurden, wurden konkrete Lernsituationen entwickelt. Diese Lernsituationen sollten neue berufliche Anforderungen berücksichtigen, Entwicklungstendenzen aufgreifen und – nach der Leitlinie der angepassten

---

[4] In diesem Kontext muss allerdings darauf verwiesen werden, dass sich nicht alle Aspekte der *leichten Sprache* in der Entwicklung der Lernumgebung umsetzen ließen. Bei der Aufbereitung der Ausbildungsinhalte konnte nicht auf eine Fachsprache aus dem Bereich der Lagerlogistik verzichtet werden. Einige Ausdrücke und Bezeichnungen lassen sich nicht einfacher umschreiben und werden als Fachwissen von den Auszubildenden vorausgesetzt, um die Berufsabschlussprüfung erfolgreich absolvieren zu können.

[5] Diese Bedarfe richten sich bspw. an die barrierefreie und ergonomische Gestaltung von Arbeitsplätzen und -abläufen, Anforderungen an das betriebliche und schulische Ausbildungspersonal oder auch an etwaige Nachteilsausgleiche bei Zwischen- und Abschlussprüfungen.

Curriculumstruktur – handlungsorientiert angelegt werden. Dies sollte ein *Lernen im Prozess der Arbeit* unterstützen.

Berufsfeld- und Sektoranalyse

Die Berufsfeld- und Sektoranalyse wurde in Form von Interviews und Befragungen via E-Mail durchgeführt. Zunächst wurde in Abstimmung der beiden Verbundpartner ein Interviewleitfaden entwickelt, der Schwerpunkte für die Befragungen festlegte.

Angewandt auf den Sektor Lagerlogistik näherte man sich mit Hilfe des strukturierten Interviewverlaufs folgenden Themenschwerpunkten:

- institutionelle Strukturen;
- Beschäftigungsstruktur;
- Arbeitsinhalte, Technologien und deren Wandel;
- Personalentwicklungschancen, Aus- und Weiterbildungsstrategien;
- ökonomische Entwicklungshistorie und Entwicklungsperspektiven.

Insgesamt beteiligten sich elf Unternehmen an der Sektoranalyse.

Die Ergebnisse der Interviews und Befragungen wurden in einer Sektoranalyse zusammengefasst und schriftlich fixiert. Die eruierten erwartbaren Beschäftigungsperspektiven sowie Veränderungen in und um die einzelnen Arbeitsprozesse bzw. den Gesamtsektor wurden bei der Ergänzung der beruflichen Handlungsfelder und der Überarbeitung der Curriculumstruktur des Ausbildungsberufes berücksichtigt. Auch konnten durch die Sektoranalyse Auswirkungen, die technische, wirtschaftliche und strukturelle Entwicklungen auf typische Arbeitsinhalte und Arbeitsprozesse im Lagerwesen haben, analysiert und vorbereitend für die Arbeitsprozessanalyse in den einzelnen Unternehmen genutzt werden.

Durch die Sektoranalyse konnten, neben faktischen Anforderungen an den Sektor sowie an den Ausbildungsberuf, Anforderungen an die Beschäftigten sowie Einsatzmöglichkeiten und Arbeitsbereiche für Menschen mit Behinderungen oder Handicaps herausgestellt werden. Diese Anforderungen waren u.a.:

- Prozessdenken;
- soziale Kompetenzen (z.B. Teamfähigkeit);
- kognitive Anforderungen wie z.B. die Beherrschung von Kulturtechniken, Fremdsprachen und Informationstechnologie;
- zeitliche und mobile Flexibilität der Mitarbeitenden.

Die aus der Sektoranalyse gewonnenen Erkenntnisse wurden im weiteren Projektverlauf genutzt, z.B. in der Erarbeitung von prozessorientierten Lernsituationen. Auch bildeten die Ergebnisse aus Modul 1 wesentliche Grundlage für die Erarbeitung eines didaktischen Konzepts zur Erstellung der Selbstlernmaterialien in Modul 3.

Arbeitsprozessanalyse

Im Rahmen der Arbeitsprozessanalyse wurden verschiedene Unternehmen rekrutiert, die sich für die Durchführung einer Arbeitsprozessanalyse (Fallstudien) bereit erklärt haben.

Bei der Begehung der einzelnen Unternehmen wurden mit Hilfe einer Handreichung, die seitens der TU entwickelt wurde, Arbeitsprozesse aus dem Lagerbereich zielgerichtet beobachtet und dokumentiert.

Anforderungen	**Gesellschaft**	Sicherheitsbestimmungen bei Einlagerung					
	Betrieb	ortsspezifische Daten über Lagerort/Stellplatz	Pflege aktueller Bestandsdaten	Verwaltung der Waren nach: - Gesamtbestand - unterschiedliche Kriterien	Überwachung der Lagerbedingungen nach Temperatur, Feuchtigkeit, Sicherheit	Aktualisierung von Bestandsdaten um Lagerstand korrekt zu halten	Wird Arbeitsplatz frei, umgehende Freigabe im System
	Kunde/ Produkt	warenspezifische Daten aktuell					
Arbeitsteilprozesse **Lagerverwaltung**		Verwaltung der Lagerorte bzw. Lagerplätze	Bestandsführung	Überwachung des Lagergutes	Überwachung der Lagerbedingungen	Bestands- fortschreibung	Freigabe des Lagerplatzes
Durchführung	**Handlungs- schritte**	1. Führen orts-/waren-spezifischer Daten 2. Anlage neuer Artikel im System	1. Registrierung 2. Fortschreibung der eingelagerten Mengen (beides automatisch)	- Überwachung Min.-/Max.-Bestand - Lagerdauer	Überwachung erfolgt abhängig von den Anforderungen der Artikel	Ausbuchung von Abgängen, Zubuchung von Zugängen ergibt den aktuellen Stand	Manuelle Freigabe, Freigabe über System
	Arbeitsmittel, Werkzeuge, Methoden, Information	PC SAP-System	PC SAP-System	PC SAP-System Dispo-Liste Artikelliste	PC SAP-System	PC SAP-System Scanner	PC SAP-System

Abbildung 2: Ausschnitt Arbeitsprozessmatrix »Lagerverwaltung«

Folgende Aspekte fanden besondere Berücksichtigung:

1. Anforderungen an die Gesellschaft;
2. Anforderungen an den Betrieb;
3. Anforderungen an den Kunden/das Produkt.

Die Beobachtungen wurden in einzelnen Arbeitsteilschritten vorgenommen und orientierten sich an der VDI-Richtlinie.[6] So wurden für jeden Erhebungsbereich, wie in Abbildung oben z.B. für die Lagerverwaltung, unterschiedliche Arbeitsteilschritte analysiert und nochmals in Teilarbeitshandlungen untergliedert. Zusätzlich wurden benötigte Arbeitsmittel, Werkzeuge, Methoden und Informationen eruiert, die für die Durchführung des benannten Arbeits(-teil)prozesses notwendig waren.

---

[6] Die VDI-Richtlinie 3629 beschreibt die organisatorischen Grundfunktionen im Lager und diente als Grundlage für die Struktur der Erhebungen in den Unternehmen.

Alle Teilergebnisse wurden in einer Matrix zusammengeführt und liefern ein umfangreiches Bild über die Arbeitsprozesse im Lager, das insbesondere in den Modulen zur didaktischen Konzeption der Lernumgebung weitere Verwertung fand (Modul 1 Lernfelder/Lernsituationen sowie Modul 3 Konzeption Didaktischer Szenarien).

Im Rahmen der Arbeiten in Modul 1.2 hat das CJD Dortmund einen Interviewleitfaden zum Thema Personalentwicklung konzipiert, der in Einzelinterviews mit den Personalverantwortlichen genutzt wurde. Für diese Interviews sind folgende Leitfragen konzipiert worden:

1) Was sind Ihre Gründe für die Einführung von Personalentwicklung?

2) Wie würden Sie die Ziele der Personalentwicklung im Unternehmen beschreiben?

3) Welche Instrumente und Maßnahmen der Folgenden setzen Sie zur Personalentwicklung im Unternehme ein und in welcher Form?

4) Worauf achten Sie besonders bei der Beschaffung von Personal im Rahmen der Personalentwicklung?

5) Personalentwicklung im Unternehmen

    a. Worauf achten Sie bei der Einführung neuer Mitarbeiter?

    b. Führen Sie regelmäßige Mitarbeitergespräche/Mitarbeiterbeurteilung/ Zielvereinbarungsgespräche/Mitarbeiterbefragungen durch?

    c. Bieten Sie Mentorenprogramme an?

    d. Finden in Ihrem Unternehmen Hospitationen/Rotationen statt?

e. In welcher Form führt das Unternehmen Fortbildungen/Qualifizierungsmaßnahmen durch?

f. Kommen bei Ihnen Methoden wie Job-Enrichment oder Job-Enlargement in Frage?

6) Welche Qualifizierungsformen bieten Sie während und nach der Ausbildung an?

7) Welche Form an Zusatzqualifikationen bieten Sie den Auszubildenden während der Ausbildung im Lager an?

8) Welche Möglichkeiten bestehen für Lagermitarbeiter, sich weiterzubilden?

Ergebnis dieser Arbeiten war eine exemplarische Gesamtübersicht über die Personalentwicklung bzw. Personalentwicklungsstrategien in der Logistik. Insbesondere die Ergebnisse zu den Fragestellungen bezüglich der Ausbildung im Lagerbereich und der Integrationsmöglichkeiten von Menschen mit Behinderungen sind in die weitere Projektarbeit eingegangen (vornehmlich Modul 3 Konzeption didaktischer Szenarien).

Identifikation beruflicher Handlungsfelder

Auf Grundlage der in Modul 1.1 erstellten Sektoranalyse und der in Modul 1.2 erarbeitenden Arbeitsprozessmatrix wurden Handlungs- und Lernfelder entwickelt.

Das bestehende Curriculum des KMK-Rahmenlehrplans für Ausbildungsberufe in der Lagerlogistik diente mit seinen zwölf Lernfeldern als Vorlage. Aufgrund der ermittelten Arbeitsergebnisse aus Sektor- und Arbeitsprozessanalyse schien es nicht sinnvoll, ein gänzlich neues Curriculum zu strukturieren. Das CJD Dortmund passte im Zuge dieser Arbeiten die ersten sechs beruflichen

Lernfelder an die Ergebnisse der Projektarbeiten in Modul 1.1 und 1.2 an. Es handelte sich um folgende Lernfelder:

1) Güter annehmen und kontrollieren;
2) Güter lagern;
3) Güter bearbeiten;
4) Güter im Betrieb transportieren;
5) Güter kommissionieren;
6) Güter verpacken.

Der KMK-Rahmenlehrplan hat für jedes Lernfeld eine didaktische Zielformulierung vorgegeben, die einem konkreten Ausbildungsjahr zugeordnet wird. Auch ein Zeitrichtwert, innerhalb dessen die Thematik des einzelnen Lernfelds behandelt werden soll, wird hier gelistet. Neben der didaktischen Zielformulierung wird im Rahmenlehrplan zusätzlich der fachliche Inhalt spezifiziert. Im Folgenden ist ein Beispiel für Lernfeld 3 »Güter bearbeiten« aus dem KMK-Rahmenlehrplan aufgeführt.

Lernfeld 3: Güter bearbeiten **1. Ausbildungsjahr** **Zeitrichtwert: 60 Stunden**
Zielformulierung: Die Schülerinnen und Schüler führen während der Lagerung Maßnahmen zur Güterbearbeitung durch, wählen die erforderlichen Arbeitsmittel aus, pflegen und verwenden sie zweckentsprechend. Dabei wenden sie gesetzliche Vorgaben zum Arbeitsschutz und zur Unfallverhütung an. Sie bewahren anfallende Verpackungen auf oder führen sie einer umweltgerechten Entsorgung zu. Die Schülerinnen und Schüler erkennen die Notwendigkeit der Kontrolle und Pflege eingelagerter Güter. Sie führen entsprechende

Maßnahmen zur Qualitätserhaltung und -verbesserung der Güter durch. Die Schülerinnen und Schüler führen Inventurarbeiten durch und dokumentieren das Ergebnis. Sie unterscheiden Lagerkennzahlen und berechnen diese anhand von vorgegebenen Formeln.

Inhalte:

gesetzliche Vorgaben zur Abfallentsorgung

Klammer-, Hebe- und Umreifungsgeräte

Sichtkontrolle, Mindesthaltbarkeitsdatum

Zähl-, Mess- und Wiegeeinrichtungen, Scanner

Luftfeuchtigkeit, Temperatur, UV-Strahlung

Inventurarten

Meldebestand, Mindestbestand, Höchstbestand, durchschnittlicher Lagerbestand,

Umschlagshäufigkeit, Lagerdauer, Lagerreichweite

Auf Grundlage der Arbeitsprozessanalysen wurden Handlungsfelder erarbeitet. Hierfür wurden neue Unterkategorien erstellt, die für die Bearbeitung eines Lernfeldes von Belang sind. Da die Inhalte und Handlungsfelder (ELoQ-Projekt) und Lernfelder (KMK-Rahmenlehrplan) in manchen Bereichen übergreifend sind, wurden diese in einem Dokument Lernfeld zusammengefasst.

Die KMK-Lernfelder sind um arbeitsprozessbezogene Inhalte und für die Ausübung der Tätigkeit erforderliche Kompetenzen ergänzt worden. Dafür wurden die Inhalte der Arbeitsprozessmatrix verwendet und in einer *Kurzbeschreibung* des praktischen Tätigkeitsfeldes formuliert. *Zentrale Kompetenzen*, die für die fehlerfreie Durchführung der Arbeiten benötigt werden, wurden ebenso gelistet – geclustert nach Fach-, Methoden- und Sozialkompetenz. Unter der Kategorie *Bildungs- und Qualifizierungsziele* wurden Aspekte des Orientierungs- und Überblickwissens sowie die Entwicklung von Kompetenzen näher spezifiziert. Im Bildungsbereich wurde in erster Linie der KMK-Rahmenlehrplan zu Grunde gelegt. Die unterschiedlichen Kompetenzen, welche durch verschiedene Arbeitsaufträge gefördert werden, wurden aus den Handlungs- und Lernbereichen abgeleitet. Unter *arbeitsbezogene Inhalte* wurden zudem Arbeitsmittel, Werkzeuge und Methoden erläutert.

Abschließend wurden einzelne *Handlungsschritte* noch einmal aufgelistet und eine umfangreiche Darstellung des beruflichen Handlungsfeldes erstellt, das Grundlage für die Entwicklung des didaktischen Konzepts in Modul 1.4 Lernsituationen und Modul 3 Entwicklung didaktischer Szenarien war. Zudem wurde in der Beschreibung des überarbeiten Lernfelds die Kategorie *Entwicklungstrends* im behandelten Tätigkeitsspektrum eingeführt. Für die im Projekt erarbeiteten Lern- bzw. Handlungsfelder ergab sich folgende Metastruktur, nach der die einzelnen arbeitsprozessbezogenen Inhalte strukturiert werden konnten:

- Handlungssystem;

- Inhaltliche Kurzbeschreibung;

- Zentrale Kompetenzen;

- Entwicklungstrends;

- Bildungs- und Qualifizierungsziele;

- Arbeitsprozessbezogene Inhalte;

- Handlungsschritte.

Insbesondere die Arbeiten im Zuge der Sektor- und Arbeitsprozessanalyse haben Folgendes herausgestellt:

1) Der Abgleich der Arbeiten aus Sektor- und Arbeitsprozessanalyse mit den KMK-Rahmenlehrplänen und den Ausbildungsordnungen ergab, dass die im Rahmenlehrplan abgebildeten Lerninhalte weitgehend den beruflichen Anforderungen entsprechen.

2) Es herrscht ein Mangel an Arbeitsprozessorientierung vor.

3) Im Bereich des Fachwissens werden vermehrt ein Technologiewissen sowie ökologische Kenntnisse erwartet.

4) Im Bereich der Methoden- und Sozialkompetenz werden Kompetenzen wie Prozessverständnis, Lösungsorientierung, Personalkompetenz, kommunikative Kompetenz, Verantwortungsbereitschaft und Flexibilität der Mitarbeitenden vorausgesetzt.

Den Entwicklungstrends und wachsenden Ansprüchen zufolge ist festzuhalten, dass die Rahmenlehrpläne die wichtigsten Grundlagen und Fachinhalte des Ausbildungsberufes einerseits gut abbilden, andererseits Anpassungen/Ergänzungen im Curriculum vorgenommen werden mussten. So waren bestimmte Lerninhalte wie z.B. Arbeitssicherheit bestimmten Lernfeldern zugeordnet, obwohl sich die Beachtung von Sicherheitsvorschriften/Gefahrenverhütung durch alle Ausbildungsinhalte respektive Lernfelder zieht. Diese Ausbildungsinhalte sind als lernfeldübergreifend zu betrachten und demgemäß in die didaktische Konzeption des Lernmaterials eingebunden worden. Bezüglich des Bereichs *Fachkompetenzen* wurde eine Tendenz zu mehr Technologiewissen und ökologischen Kenntnissen im Ausbildungsbereich angemerkt. Dementsprechend wurde das Curriculum im Projekt ELoQ um den zukunftsweisenden Bereich *green logistics* erweitert. Auch in diesem Bereich wurden Lernsituationen und Lernobjekte realisiert.

Erarbeitung von Lernsituationen

Die in den vorhergehenden Teilmodulen herausgestellten Arbeitsprozesse und Handlungsfelder im Bereich der Lagerlogistik bildeten die Grundlage zur Erstellung der Lernsituationen. Die entwickelten Lernsituationen sind in das Gesamtszenario einer virtuellen Modellfirma *AutoKrad* eingebunden und spiegeln wesentliche Themenbereiche der laut Ausbildungsplan festgelegten Lernfelder wider. Aufgrund der Ergebnisse der Arbeitsprozessanalyse ist bei der Konzeption der Lernsituationen verstärkt auf ein Prozessverständnis bzw. eine Lösungsorientierung geachtet worden. Die Erstellung der Lernsituation oblag vornehmlich der Technischen Universität Dortmund. Insgesamt sind 15 Lernsituationen entwickelt worden, die folgende Kennzeichen aufweisen:

- typische Aufgabenstellung aus der beruflichen Praxis oder Realität des eigenen Ausbildungsbetriebs ;
- Unterstützung zum Erwerb von beruflicher Handlungskompetenz;
- Herstellen des Zusammenhangs zwischen betrieblichem und schulischem Lernen;
- Ermöglichung einer kritischen Urteilsfähigkeit;
- Ermöglichung des Ablaufs einer beruflichen Handlung (vollständiger Arbeitsablauf).

Das CJD Dortmund begutachtete und überarbeitete die Lernsituationen. Zudem wurden die zu erstellenden Lernobjekte den Lernsituationen angepasst. Nach einer Testungsphase mit den Auszubildenden der Erprobungspartner war das CJD Dortmund für die Erstellung von vereinfachten Lernsituationen verantwortlich. Um unterschiedliche Kompetenzniveaus bei den Auszubildenden abdecken zu können, wurden vereinfachte Arbeitsaufträge verfasst. Thematisch sind diese Arbeitsaufträge an die vorab erstellten komplexeren Lernsituationen angebunden und ebenfalls in das Gesamtszenario der virtuellen Modellfirma *AutoKrad* eingebunden. Insgesamt entwickelte das CJD Dortmund 15 vereinfachte Arbeitsaufträge (Lernsituationen), die mit der Technischen Universität abgestimmt und in das System integriert wurden.

4.2 Modul 2 Entwicklung von Selbstlernmaterialien

Ziel von Modul 2 war der Aufbau einer Lerninfrastruktur, in die im Laufe des Projektes die Lerninhalte eingearbeitet werden sollten. Aufbauend auf einer Marktübersicht und Recherche gängiger Lernmanagementsysteme sowie Autorenwerkzeuge wurde eine für das Projekt stimmige Lerninfrastruktur ausgewählt. Hierzu gehörten ein Lernmanagementsystem sowie ein Erstellwerkzeug für die Einarbeitung ins System. Bei Auswahl und Anpassung der Lerninfrastruktur wurde der Aspekt der Barrierefreiheit fokussiert. Die Auswahl für die im Projekt zu erstellenden Lerninhalte belief sich letztlich auf das Lernmanagementsystem *Moodle* und das Erstellwerkzeug *AContent*. Die Systeme wurden auf ihre Barrierefreiheit hin geprüft und an die im Projekt gestellten Vorgaben bezüglich der Barrierefreiheit angepasst.

Aufbau der technischen Infrastruktur

Die zu entwickelnden Vorlagen wurden im Rahmen der technischen Entwicklung der Lerninfrastruktur von der TU Dortmund entwickelt und für die weitere Bedienung angepasst.

Die Vorlagen für das System wurden als sogenannte *templates* von der TU Dortmund zur Verfügung gestellt und konnten im Zuge der Entwicklung von Lerninhalten vom CJD Dortmund sowie den Erprobungspartnern genutzt werden.

Realisierung Lernmodule und -inhalte

Im Zuge dieses Moduls entwickelte das CJD Dortmund einen Leitfaden für die Erstellung von Lerninhalten. Dieser Leitfaden spiegelt das gesamte didaktische Konzept der erstellten Materialien, inklusive der technischen Einarbeitungsmöglichkeiten in das Erstellwerkzeug *AContent*, wider.

Die Arbeiten in diesem Modul fokussierten die Erarbeitung von fachlichen Inhalten für die Ausbildung der Fachlageristen bzw. Fachkraft für Lagerlogistik. Die exemplarisch erarbeiteten Inhalte wurden im Zuge von Modul 3 (Konzeption didaktischer Szenarien) in das Gesamtsetting der virtuellen Modellfirma *AutoKrad* eingebunden, evaluiert und überarbeitet.

4.3 Modul 3 Konzeptentwicklung didaktischer Szenarien

In Modul 3 ging es um die konkrete Erarbeitung von barrierefrei gestalteten Lerninhalten für den Einsatz in der Berufsausbildung. Um die Integration der jungen Menschen in den Ersten Arbeitsmarkt zu erleichtern, sollte die Entwicklung von Lernmaterial in enger Kooperation mit den Betrieben entwickelt werden. Zugleich sollte durch die Arbeitsprozessorientierung der entwickelten Materialien die Verzahnung der Lernorte Betrieb und Berufsbildungswerk gestärkt werden. Hauptverantwortlich für die Erstellung von didaktischen Szenarien war das CJD Dortmund.

Wesentlicher Inhalt im Zusammenhang mit diesem Modul war die Entwicklung eines Konzepts für die inhaltliche Erstellung der Lernmaterialien. Bis zur Findung eines einheitlichen Schemas sind mehrere Entwürfe von Lerninhalten entstanden und exemplarisch aufbereitet worden. Letztendlich hat man sich am *Modell der vollständigen Handlung* orientiert und ein angepasstes *Storyboarding* entwickelt. Hiernach sind alle ausbildungsrelevanten fachlichen Inhalte konzipiert worden.

Didaktische Ansätze und Best-Practice

Über eine umfangreiche Literaturrecherche zu Einsatzmöglichkeiten von Bildungstechnologie in der Berufsausbildung sowie der Recherche über bereits tragfähige Konzepte wurde ein Instrument zur Rasterung und Bewertung der verschiedenen didaktischen Ansätze entwickelt. Dieses Instrument deckt Aspekte wie Lernziele, didaktische Prinzipien, Kompetenzen, die Rolle von Lehrenden und Lehrenden ab.

Das CJD Dortmund hat anhand dieses Musters folgende didaktischen Ansätze bewertet und dokumentiert:

- Simulation;
- Leittextmethode;
- Projektmethode;
- Fallstudie;
- Planspiel;
- Lernstatt;
- Vier-Stufen-Methode;
- Juniorenfirma.

Die Beschreibungen der einzelnen didaktischen Ansätze sowie das Instrument zur Rasterung und Bewertung wurden seinerzeit an alle Erprobungspartner weitergeleitet, um eine praxisbezogene Bewertung vorzunehmen. Aus den Ergebnissen der Befragung aller beteiligten Erprobungspartner konnte letztlich ein *Stärken-Schwächen-Profil* der einzelnen didaktischen Ansätze in der Berufsausbildung konstruiert werden. Die Bewertung der einzelnen Methoden wurde für jeden Erprobungspartner und jeden didaktischen Ansatz dokumentiert. Die Ergebnisse wurden in ihrer Gesamtheit wie folgt in das *Stärken-Schwächen-Profil* übertragen.

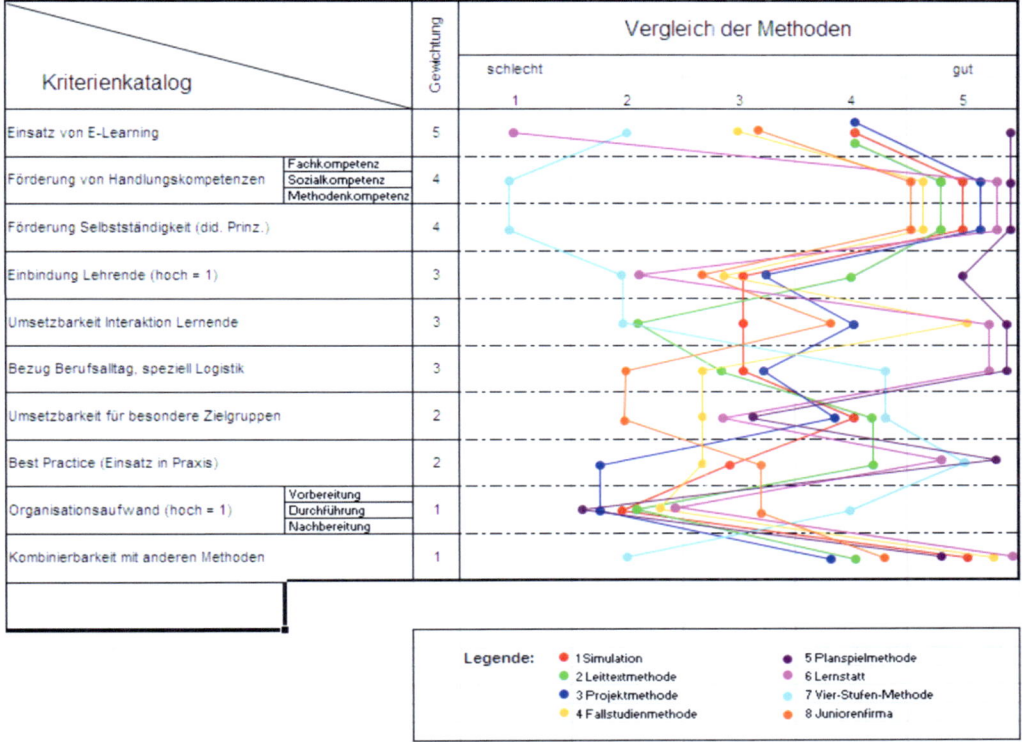

Abbildung 3: Stärken-Schwächen-Profil

Die Ergebnisse der Stärken-Schwächen-Analyse fanden in der Konzeption der gesamten Lernumgebung Berücksichtigung - insbesondere bei den Überlegungen zur Inszenierung eines Gesamtsettings in Form der virtuellen Modellfirma *AutoKrad* (Didaktisches Szenario). Die Bewertungen der Erprobungspartner (didaktische Matritzen) wurden vom CJD Dortmund in einer Synopse zusammengefasst und dokumentiert.

	Lernziele	Didaktische Prinzipien	Kompeten- zen	Wissensbe- reiche
1. Simulation	Einübung; Verantwortli- ches Handeln in komplexen Situationen	Spielendes Ler- nen Antizipatorisches Lernen	Berufliche Hand- lungskompe- tenz, Sozial- und Me- thodenkompe- tenz	Handlungs- und Entscheidungs- wissen
2. Leittext	berufsmotori- sche und kog- nitive Lernzie- le; Förderung selbstgesteuer- ten Lernens	Ganzheitliches Lernen Selbstständiges Lernen Individualisiertes Lernen Handlungsorien- tiertes Lernen	Methodenkom- petenz → selb- ständiges Planen komplexer Auf- gabenstellungen Sozialkompetenz → Gruppenarbeit	Vor allem länge- re Projekte; lange Einarbei- tungszeit. auf- grund unter- schiedlicher Kenntnisstände und des selb- ständigen Ler- nens
3. Projekt	Förderung selbstständi- gen Handelns; Entwicklung Handlungs- kompetenz	Innovatives Lernen Fächerübergrei- fendes Lernen Ganzheitliches Lernen	Sachkompetenz, Sozialkompetenz und Selbstkom- petenz im Gleichgewicht	Erwerb von Handlungs- und Orientierungs- wissen; Zudem Erklä- rungswissen
4. Fallstudie	Erwerb fächer- übergreifender Kenntnisse; selbstständiges Arbeiten	Praxisnahes Lernen Selbstständiges Lernen Prinzip der Anti- zipation Entdeckendes Lernen Ganzheitliches Lernen	Handlungs- und Entscheidungs- kompetenz Sach-, Metho- den, Sozial-, Humankompe- tenz u.a.	Handlungs- und Entscheidungs- wissen; Ent- scheidungshand- lungen

Abbildung 4: Auszug Synopse Ausbildungsmethoden

Parallel zu den Arbeiten in Modul 3.1 wurde eine Expertise angefertigt. Aussa- gen aus der Expertise, die insbesondere die Aspekte des Einsatzes von Men- schen mit Behinderungen sowie Fragestellungen im Bereich internationaler Logistik sowie den asiatischen Raum einschließt, sind bereits im Kapitel Fach- wissenschaftliche Einbindung dieser Publikation dargestellt.

Erarbeitung der Lernthemen und -inhalte sowie Lernaufgaben

Zu Beginn der Arbeiten in Modul 3.2 führte das CJD Dortmund bei allen Erprobungspartnern eine Umfrage zur Auswahl der umzusetzenden Lernthemen durch. Durch die detaillierte Arbeitsprozessanalyse, die Ausbildungsordnungen, das festgelegte didaktische Konzept und die Umfrage zu den Lernthemen konnten die im LMS umzusetzenden Lerninhalte eingegrenzt und ein angepasstes Curriculum entwickelt werden.

Umfrage Lernthemen	Feedback					
	#	#	#	#	#	#
Partner	#	#	#	#	#	#
1. Lernthema Güter annehmen und kontrollieren						
Warenannahme	X	X	X	X		X
Wareneingang	X			X	X	X
Mängelerfassung			X	X		
Mehrweg- und Transportverpackungen			X			
Vorarbeiten zur Einlagerung						
2. Lernthema Güter lagern						
Lager planen	X		X	X		X
Lagertechnik			X	X		
Lager einrichten					X	
Voraussetzungen für eine ordnungsgemäße Lagerung		X				
Arbeiten bei der Einlagerung	X	X				X
3. Lernthema Güter bearbeiten						
Arbeitsmittel im Lager	X		X			X
Güterpflege			X			
Inventur	X	X		X	X	X
4. Lernthema Güter im Betrieb transportieren						
Förderhilfsmittel und Fördermittel	X	X	X	X	X	X

Abbildung 5: Auszug Umfrage Auswahl Lernthemen

Die Erarbeitung der Lernthemen fokussierte die im Rahmen der Umfrage eruierten Themengebiete. Das Ausbildungscurriculum wurde dahingehend ergänzt und im Zuge der Erarbeitung von Lerninhalten sind insgesamt 29 Lernobjekte seitens des CJD Dortmund zu folgenden Themen entstanden:

- Lernfeld 1: Güter annehmen und kontrollieren
  Entwickeltes Lernobjekt:
  Ablauf der Warenannahme

- Lernfeld 2: Güter lagern
  Entwickelte Lernobjekte:
  Lager planen 1 – Aufgaben, Funktionen, Anforderungen
  Lager planen 2 – Einteilung nach Gütern
  Lager planen 3 – Einteilung nach Betriebsarten
  Lager planen 4 – Einteilung nach Standort und Bauweise
  Lager planen 5 – Einteilung nach dem Eigentümer

- Lernfeld 3: Güter bearbeiten
  Entwickeltes Lernobjekt:
  Inventur

- Lernfeld 4: Güter im Betrieb transportieren
  Entwickelte Lernobjekte:
  Güter im Betrieb transportieren – Fördermittel
  Güter im Betrieb transportieren – Lagerhilfsmittel

- Lernfeld 5: Güter kommissionieren
  Entwickelte Lernobjekte:
  Die Kommissioniermethoden

Grundlagen der Kommissionierung 1 – Kommissioniersysteme und Informationsfluss
Grundlagen der Kommissionierung 2 – Materialfluss
Grundlagen der Kommissionierung 3 – Das Organisationssystem

- Lernfeld 6: Güter verpacken
  Entwickeltes Lernobjekt:
  Güter verpacken

- Lernfeld 7: Touren planen
  Entwickeltes Lernobjekt:
  Lernobjekt Touren planen – Planung von Touren

- Lernfeld 8: Güter verladen
  Entwickelte Lernobjekte:
  Güter verladen – Rechtliche und physikalische Grundlagen
  Güter verladen – Systeme, Mittel, Arten und Ablauf von Beladungen

- Lernfeld 9: Güter versenden
  Entwickelte Lernobjekte:
  Grundlagen des Güterverkehrs
  Frachtrecht und Reklamationen beim Güterversand

- Arbeitssicherheit
  Entwickelte Lernobjekte:
  Gesetze und Vorschriften
  Sicherheitszeichen
  Schutzkleidung

- Green Logistics

  Entwickeltes Lernobjekt:

  Green Logistics

Jedes Lernobjekt schließt mit einem Test ab. Zudem können die Auszubildenden in Kombination mit den von der Technischen Universität Dortmund entwickelten Lernsituationen Inhalte gesamter Arbeitsprozesse am PC nacharbeiten. Bei der didaktischen Konzeption der Lernobjekte wurden 3 Faktoren in besonderer Weise berücksichtigt. Dies waren das *Lernparadigma*, das *Curriculum* des Ausbildungsberufes und das *Kompetenzniveau der Lerngruppe*.

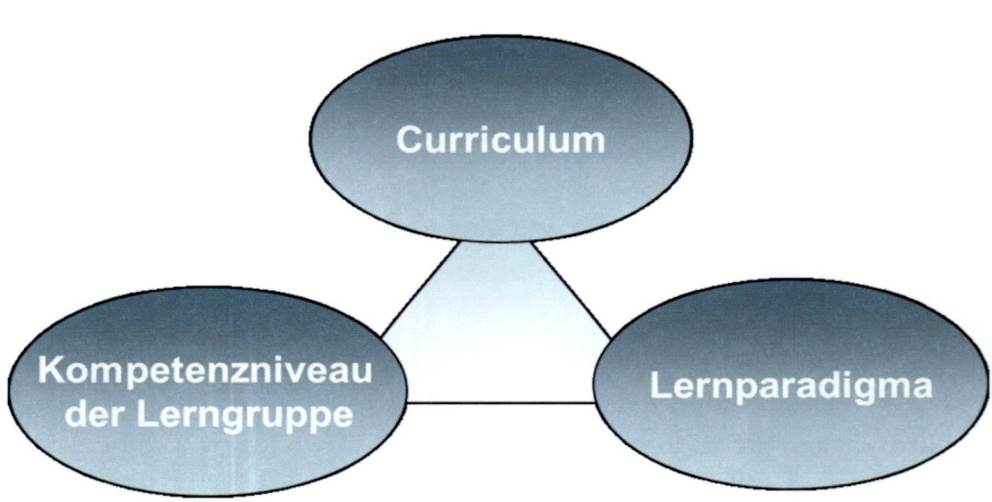

Abbildung 6: Didaktische Konzeption Lernobjekt

Zusammenfassend weisen alle entwickelten Lernobjekte die gleichen Charakteristika auf. Dies sind u.a. Nutzbarkeit und Wiederverwertbarkeit. Der Aspekt der Wiederverwertbarkeit bezieht sich hierbei vornehmlich auf die technische Einbettung und Konstruktion der Lernobjekte in das vorhandene LMS. Alle Lernobjekte wurden so angelegt, dass deren Inhalte problemlos in andere LM-Systeme übertragen werden können. Sie können so je nach Nutzergruppe ebenfalls mit anderen Lernsituationen (nutzbar im Kontext einer Lernsituation) und Lernobjekten kombiniert oder ergänzt werden.

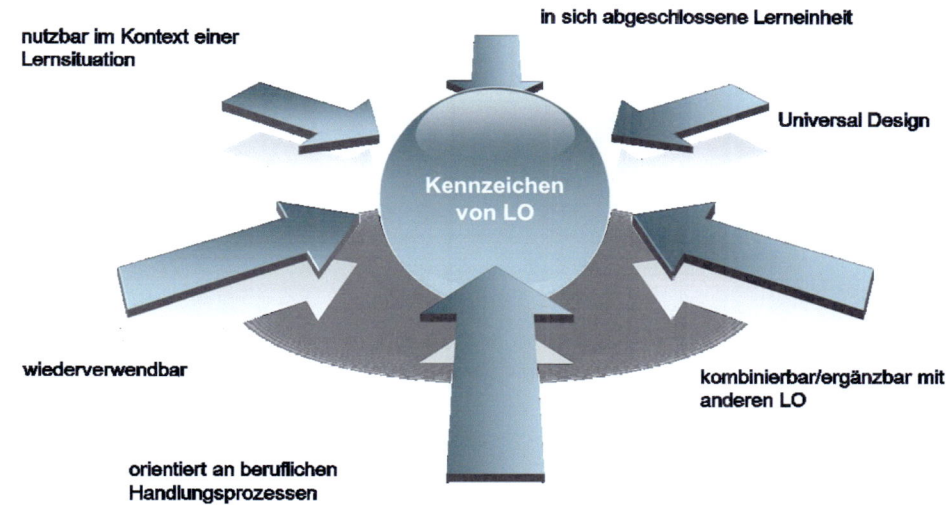

Abbildung 7: Charakteristika von Lernobjekten

Die Lernobjekte wurden nach einer einheitlichen didaktischen Struktur entwickelt. Inhaltlich richtete sich die Konzeption der Lernobjekte nach einer *3-Phasen-Struktur*, die als wesentliche Elemente die Einführung in die Thematik, die Bearbeitung der Thematik und die Festigung der Thematik beinhaltet.

Einführung	Aufmerksamkeit lenken	Problem darstellen	Interesse wecken	Ziele formulieren
Bearbeitung	Vorwissen aktivieren	Informationen und Beispiele vermitteln	Lernhilfen anbieten	Lernberatung und Feedback geben
Festigung	Übungs- und Anwendungs- aufgaben stellen	Lernergebnisse prüfen und Rückmeldung geben	Ergänzungen und Wieder- holungen anbieten	auf weitere Lernmöglichkeiten verweisen

Abbildung 8: 3-Phasen-Struktur der Lernobjekte

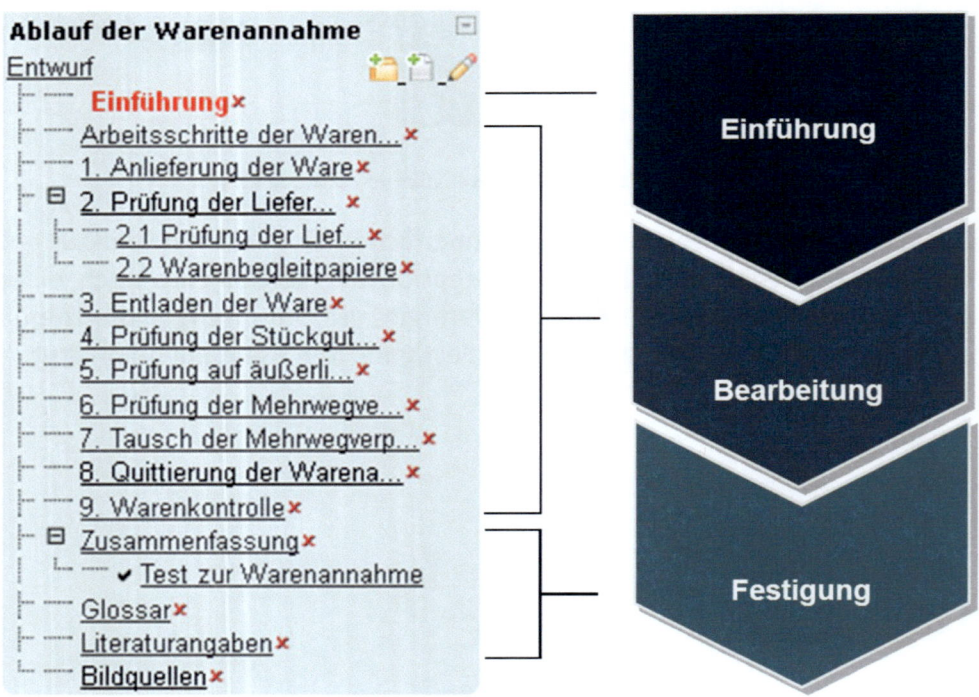

Abbildung 9: Umsetzung der 3-Phasen-Struktur

Alle Lernobjekte wurden mit einem angehängten Glossar versehen, das wichtige berufsrelevante Fachwörter aus der jeweiligen Lektion erklärt. Neben dem übergreifenden Glossar im Lernmanagementsystem, das Fachbegriffe aus dem Gesamtszenario der Modellfirma *AutoKrad* aufgreift, schien ein auf die einzelnen Lernobjekte bezogenes Fachglossar ebenfalls zweckmäßig. So kann ein schnellerer Zugriff innerhalb des Lernprozesses unterstützt werden.

Die Lernobjekte können als kleinste E-Learning-Einheit unabhängig genutzt oder auch im Gesamtkontext der Modellfirma *AutoKrad* und den entwickelten Lernsituationen bearbeitet werden. Die Lernobjekte wurden barrierefrei gestaltet.

In der Entwicklung der Lerninhalte wurden Aspekte einer *leichten Sprache* berücksichtigt. Zum einen wurden vereinfachte Darstellungsformen und Arbeitsaufträge entwickelt, zum anderen wurden – sofern im Rahmen der Entwicklung fachsprachlicher berufsbezogener Lerninhalte umsetzbar – rein sprachliche Aspekte umgesetzt. Hierbei sind insbesondere anzuführen:

1) Verwendung möglichst kurzer Sätze;
2) Verzicht auf viele Nebensätze;
3) Verwendung von Wörtern aus der Lebenswelt der Zielgruppe;
4) Sätze mit nur einer Information;
5) keine ausgeschriebenen Zahlen;
6) Vermeidung von Abkürzungen;
7) klare Schriftarten ohne Serifen.

Ergänzend wurden an vielen Stellen Bilder und Grafiken eingefügt. Diese sind zum Teil als alternative Textinhalte, also als Alternative zum Fließtext für Menschen, die z.B. durch Beeinträchtigungen ein eingeschränktes oder gar kein Sehvermögen haben, über einen im technischen System integrierten Button abrufbar.

Im Rahmen der Evaluation und Testung der Lerninhalte mit den Auszubildenden war ein erhöhtes Interesse an grafischen Darstellungsformen feststellbar. Im Zuge des Redesigns der einzelnen Lernobjekte wurden deshalb an vielen Stellen ergänzenden Bilder und Grafiken nachträglich eingefügt, die nicht im Sinne einer Textalternative angeboten werden, sondern die Informationen des Fließtextes in vereinfachter Darstellung aufbereiten.

Jedes Lernobjekt schließt mit einem Test ab, der in Form verschiedener Aufgabentypen realisiert wurde. Folgende Aufgabentypen wurden zur Festigung des Fachwissens umgesetzt:

Likert-Skala:

Hierbei handelt es sich um ein Instrument zur Feststellung von Meinungen oder Einstellungen. Als solches eignet es sich eher zur Nutzung bei Befragungen als zur Konzipierung von Aufgaben.

Offene Fragen:

Hiermit können Sie Fragen erstellen, deren Beantwortung frei, also ohne vorgegebene Antwort, erfolgt.

Wahr oder Falsch:

Hiermit werden Aufgaben erstellt, bei denen eine Aussage auf ihren Arbeitsgehalt mit *wahr* oder *falsch* bewertet werden muss.

Zuordnungen:

Hierbei müssen jeweils zwei Begriffe einander korrekt zugeordnet werden.

Multiple Choice:

Bei dieser Aufgabe werden auf eine Frage mehrere Antwortmöglichkeiten geboten, von denen jedoch nur eine korrekt ist. Diese muss entsprechend ausgewählt werden.

Mehrere Antworten:

Dieser Aufgabetyp entspricht einer Multiple Choice-Aufgabe. Jedoch müssen zwei oder mehr richtige Antworten markiert werden.

Entwicklung eines Beschreibungsrasters für Ausbildungsszenarien

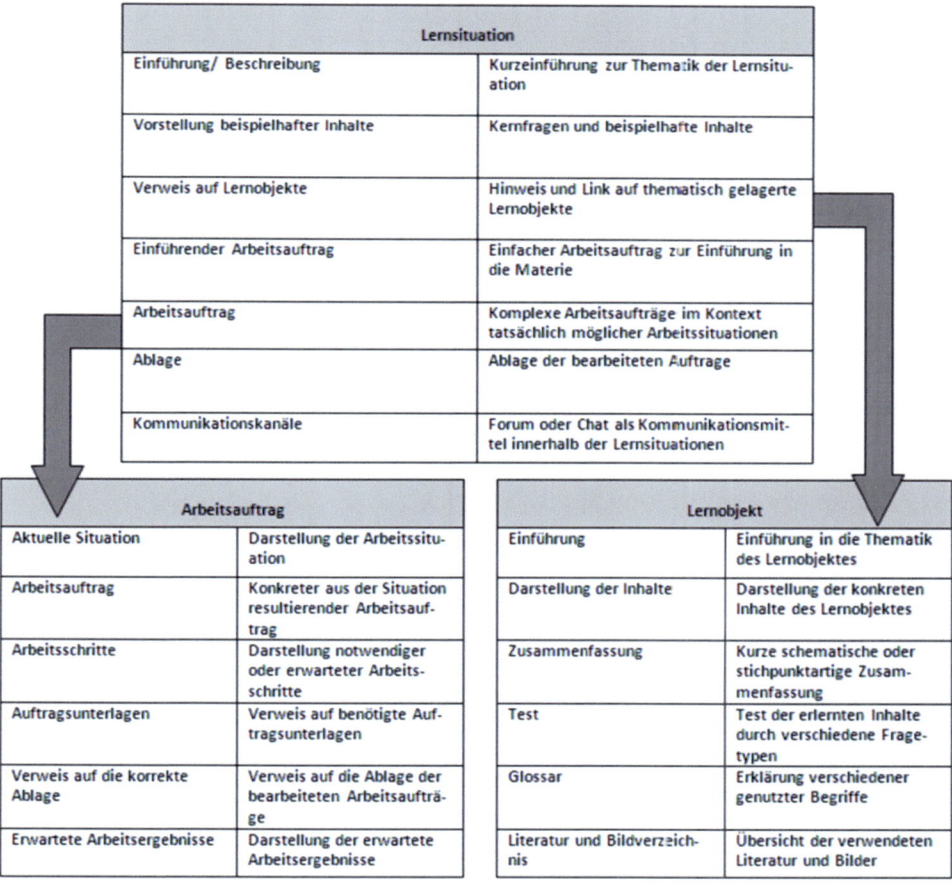

Abbildung 10: Beschreibungsraster Ausbildungsszenarien

Die Ausbildungsszenarien wurden nach einem bestimmten Beschreibungsraster konstruiert, das sich nahezu auf alle erstellten Inhalten projizieren lässt. Das Beschreibungsraster stellt den grundlegenden Aufbau der im Projekt ELoQ verwendeten Lernszenarien dar. Basis der Lernszenarien sind *Lernsituation*, *Arbeitsauftrag* und *Lernobjekt*. Ausgehend von der *Lernsituation*, die den Rahmen des Szenarios stellt und kurz in die jeweilige Thematik einführt, verweist der *Arbeitsauftrag* auf eine konkrete Arbeitssituation und eine daraus resultierende Problemstellung. Das *Lernobjekt* bietet das benötigte Fachwissen. *Lernobjekt* und *Arbeitsauftrag* wurden in *Moodle* erstellt. Das Lernobjekt wurde in *AContent* umgesetzt und in *Moodle* in Verbindung mit einer Lernsituation dargestellt.

Erprobung und Evaluation

In Zusammenarbeit mit der Technischen Universität Dortmund wurden Evaluationskriterien für die Erprobung abgestimmt. Testung und Evaluation der erarbeiteten Lerninhalte/Lernszenarien fanden auf zwei Ebenen statt:

1) Usuability-Evaluation (Auszubildende);
2) Online-Befragung (Lehrende /Ausbilder und Ausbilderinnen).

Im Rahmen dieses Moduls begleitete das CJD Dortmund die Usability-Evaluation. Diese Evaluation war als 1:1 Setting angelegt, das heißt für jede/-n Probanden/-in war ein/-e Beobachter/-in zuständig. Im Zuge der Evaluation sollten die Nutzerfreundlichkeit der erarbeiteten Selbstlernmaterialien (Lernobjekte und Lernsituationen) sowie das Gesamtszenario der virtuellen Modellfirma *AutoKrad* getestet werden. Man entschied sich für eine formative Evaluation, um Verbesserungsmöglichkeiten aufzeigen und im Sinne eines Redesigns anpassen zu können. Insgesamt wurden folgende Erprobungspartner einbezogen: Auszubildende des CJD Dortmund sowie Auszubildende aus weiteren Bildungsträgern und Unternehmen der Logistikbranche.

Zu 1):

Für die Usuability-Evaluation wurde ein Skript entwickelt, nach welchem die Auszubildenden in der Testung beobachtet werden sollten.

Das Skript hatte den Zweck, die Evaluation möglichst objektiv und reliabel zu gestalten und durch eine einheitliche Durchführung mittels eines Evaluationsskripts eine Vergleichbarkeit der einzelnen Testungen zu unterstützen. Die Evaluation war hierbei in einem 1:1-Setting angelegt, das heißt auf jeden Probanden fiel ein Beobachter/-in.

Bei der Evaluation wurde unter anderem die Methode »Think aloud« angewandt. Die Auszubildenden sollten beim Ausfüllen und Bearbeiten der Lernobjekte laut denken und Gefühle und Meinung verbal äußern. Die Evaluation wurde daher aufgezeichnet und hinterher von den jeweiligen Beobachtern in einen Auswertungsbogen übertragen.
Folgende Erhebungsmethoden lassen sich zusammenfassend auflisten:

- Beobachtung einer Anwendungssituation von Lernenden
    - aufgabenbasierte Erprobung mit Skript;
    - Beobachtungsbögen;
    - Methode »Think aloud«.

Insgesamt nahmen 26 Auszubildende an der Erhebung teil. Es zeigte sich, dass die Probanden großes Interesse hatten, innerhalb der virtuellen Lernumgebung zu arbeiten. Da die meisten von ihnen technikaffin waren, gab es in der Bedienung wenige Schwierigkeiten. Auch die Lerninhalte waren für die Auszubildenden verständlich und klar aufbereitet.

Zu 2):

Um die Zugänglichkeit und Nutzbarkeit der Lernumgebung zu eruieren, wurde eine Online-Befragung für die Lehrenden bzw. Ausbilder/-innen entwickelt und online zur Verfügung gestellt. Die Ergebnisse wurden von der Technischen Universität Dortmund ausgewertet.

Aus der Evaluation ergaben sich Verbesserungsmöglichkeiten in den folgenden Bereichen:

- Überarbeitung des Layouts;
    - Integration einfacher, einführender Aufgabenvarianten in die Lernsituationen;
    - Korrektur von kleinen Fehlern in der technischen Infrastruktur:
    - Anmelde-Automatik;
    - Behebung eines Fehlers bei einem Testaufgaben-Typ »Zuordnungsaufgabe«;

- Optimierungen:
    - Navigation und Integration von Navigationshilfen;
    - Darstellung und Erreichbarkeit alternativer Objekte für multimediale Lerninhalte;
    - Integration zusätzlicher Sprungmarken, um relevante Bereiche schnell adressieren zu können;
    - Auswertung von Tests;
    - Darstellung auf Displays mit geringer Auflösung und mobilen Endgeräten (z.B. Smartphones, Netbooks);
    - Autovervollständigung für die Suchfunktion zur verbesserten Navigation und Auffindbarkeit von Lerninhalten.

Diese Veränderungen wurden zum Ende der Projektlaufzeit angepasst. Auch die Überarbeitung von Sprache, Rechtschreibung und Grammatik wurde im Zuge dieser Arbeiten vorgenommen. Die Überarbeitung der technischen Infrastruktur oblag der Technischen Universität Dortmund, die das Lernmanagementsystem betreute. Die Ergebnisse der Evaluation wurden dem Fachpublikum auf der Abschlusstagung am 20.11.2012 vorgestellt und diskutiert.

4.4 Modul 4 Personalqualifizierung

Im Rahmen des Einsatzes neuer Medien werden sowohl die didaktische Konzeption von Online-Lernmaterial als auch die Qualifizierung des Personals diskutiert. In Modul 4 wurde der zweite Aspekt der Personalqualifizierung für die Erarbeitung, Gestaltung und Betreuung von Online-Lernangeboten aufgegriffen und konzeptionell umgesetzt.

Konzipierung und Planung des Workshops »Erstellung von Lerninhalten und -modulen«

Im Zuge der Personalqualifizierung sollte Ausbilderinnen und Ausbildern die Möglichkeit zur Teilnahme an einem Onlineworkshop zur Erstellung von Lerninhalten und -modulen innerhalb des im Projekt ELoQ entwickelten Lernmanagementsystems angeboten werden. Das CJD Dortmund war hier mit der Konzeption und Betreuung des Onlineworkshops »Erstellung von Lerninhalten und -modulen für Auszubildende mit Behinderung« betraut.

Im diesem Workshop wurde dargestellt, wie die Inhalte der Lernfelder des Ausbildungsbereiches Lagerlogistik didaktisch aufbereitet und in Lernobjekten vermittelt werden können. Der Workshop gab eine grundlegende Übersicht über relevante Schritte zur Entwicklung von Lernobjekten.

Durchführung und Evaluation des entwickelten Workshops

Der Workshop setzte sich aus einer Präsenzveranstaltung und Onlineangeboten zusammen. Im Zuge der Präsenzveranstaltung wurden grundlegende Nutzungshinweise zur Arbeit mit *AContent* und Rückfragen der Teilnehmenden geklärt. Darauf folgten Onlineangebote, die sich wie folgt strukturierten:

- Teil 1: Lerninhalte finden (eigene Erfahrungen, Recherche, Stärken und Schwächen der Auszubildenden);
- Teil 2: Lerninhalte formulieren (Einführung und Bearbeitung erstellen, einfache Sprache);
- Teil 3: Aufgaben erstellen (Kernwissen aufbereiten, einfache und komplexe Aufgaben);
- Teil 4: Aufgabentypen (Darstellung und Umsetzung von Aufgabentypen);
- Teil 5: Zusätzliche Inhalte (Bilder, Audio, Video nutzen und bereitstellen);
- Teil 6: Zusammenfassung und Glossar erstellen (Kernwissen ermitteln, notwendige Fach- und Fremdwörter klären).

Innerhalb des Onlineworkshops wurden die Teilnehmenden von den Mitarbeitenden des CJD Dortmund betreut und durch Interaktion wie Chat, Forum und diverse andere Kommunikationsmöglichkeiten, die *Moodle* bietet, Möglichkeiten zum fachlichen Austausch und zur Diskussion gegeben. Zum Abschluss einer jeden der sechs Lerneinheiten wurde ein Arbeitsauftrag bereitgestellt. Dieser konnte von den Teilnehmenden innerhalb des Lernmanagmentssystems *Moodle* bearbeitet, hochgeladen und diskutiert werden. Der Workshop wurde unter Berücksichtigung folgender Aspekte evaluiert und ggf. überarbeitet:

- Angemessenheit der Auswahl der Themen, Aufbereitung der Themen, Anwendbarkeit im Beruf;

- Angemessenheit des zeitlichen Umfangs […].

5. Verwertungsplan

Transfer

- **Lernplattform**

Die im Rahmen des Projekts entstandene Lernplattform sollte auch über die Projektlaufzeit hinweg Interessierten zur Verfügung gestellt werden. Durch die kostenlose Zuweisung eines Accounts kann die Lernumgebung nachhaltig genutzt werden. Die Nutzung der Lernumgebung ist für Lerner und Lehrende selbsterklärend.

Den Auszubildenden stehen online fachliche Selbst ernmaterialien aus dem Ausbildungsbereich Fachlagerist/-in bzw. Lagerfachhelfer/-in zur Verfügung. Innerhalb des Lernszenarios in Form einer virtuellen Modellfirma *AutoKrad* wurden zu neun Lernfeldern des anerkannten Ausbildungsberufes arbeitsprozessorientierte Lernsituationen auf unterschiedlichen Kompetenzniveaus erarbeitetet. Zudem sind übergreifende Themen durch die Arbeitsprozessanalyse in der Curriculumanpassung berücksichtigt worden, sodass zusätzliche Lerninhalte zu den Themen Arbeitssicherheit und *green logistics* angeboten werden können. Die Auszubildenden können einzelne Lerneinheiten (Lernobjekte) bearbeiten oder im Gesamtsetting der virtuellen Modellfirma lernen. Innerhalb des Gesamtsettings finden sich Angaben zum Unternehmensprofil der virtuellen Firma, Arbeitsprozessdiagramme zu einzelnen Arbeitsaufträgen, Musterlösungen sowie ein übergreifendes Glossar mit der Erklärung wesentlicher Fachbegriffe. Insgesamt stehen interessierten Auszubildenden zusätzlich um die 50, auch unabhängig bearbeitbare, Lernobjekte zur Verfügung, die allesamt mit einem Test abschließen.

Für Ausbilder/-innen wurden einige Workshops entwickelt, u.a. werden darin Themen wie »Gestaltung von E-Learning«, »Erstellung von Lerninhalten und Lernmodulen für Auszubildende« sowie »E-Moderating – online lernen, anregen, begleiten und betreuen« und einige andere Themenfelder behandelt. Schwerpunktmäßig sollten die Workshops dazu dienen, Ausbildern und

Ausbilderinnen Hilfestellungen und Tools an die Hand zu geben, wie sie selbst Online-Kurse gestalten, passende Inhalte in *AContent* entwickeln und Online-Lernumgebungen betreuen können. Die Kurse dienen ergo der Qualifizierung des Ausbildungspersonals und stehen auch nach Auslaufen des Projekts über die Plattform zur Verfügung. Im Projekt ELoQ kann man die Lernobjekte als flexibel gestaltbare Lerneinheit betrachten. Die Lernobjekte und deren gesamte Inhalte lassen sich problemlos in andere Lernmanagementsysteme übertragen und so nachhaltig für andere Anwender nutzbar machen. Durch die flexible Gestaltung können andere Anwender die in ihr Lernmanagement hochgeladenen Lernobjekte aus ELoQ an ihre Bedarfe anpassen, ergänzen und umschreiben. Die Inhalte sind flexibel, transparent und zur nachhaltigen Nutzung gestaltet.

- **Projekthomepage**

Auf der Projekthomepage unter www.projekt-eloq.de sind die wesentlichen Arbeitsschritte der einzelnen Hauptmodule dargestellt. Hier sind ebenfalls Informationen zu Veranstaltungen und Veröffentlichungen zu finden. Auf dieser Homepage werden das gesamte Projekt sowie die Zielsetzung des Projekts erläutert und Interessierten Kontaktmöglichkeiten geboten. Die gesamte Homepage bedient sich einer barrierefreien Darstellung. Zudem ist die Internetpräsenz auf die Homepages verschiedener anderer Einrichtungen verlinkt.

Auch nach Ende der Projektlaufzeit (31.12.2012) ist die Homepage erreichbar, da sie an das Netzwerk der TU Dortmund angeschlossen ist. Alle Interessierten können sich an den Administrator wenden und einen Account-Zugang für die Nutzung der Lernplattform erhalten. So soll eine nachhaltige Nutzung auch nach Projektende gewährleistet werden. Der Account wird kostenfrei zur Verfügung gestellt.

- **Expertisen und Publikationen**

Expertise und Publikationen wurden insbesondere zu Präsentationszwecken genutzt. Zum einen dienten sie der wissenschaftlichen Bestätigung der im Projekt behandelten Thematiken, zum anderen sollte durch sie ein möglichst umfassender Transfer der bearbeiteten Ergebnisse erzielt werden. Durch die Expertenäußerungen konnten bestimmte Aspekte im Fortgang des Projekts näher beleuchtet und ggf. noch in der Entwicklung der Materialien berücksichtigt werden. So konnte z.B. explizit die »Expertise zu anwendungsorientierten Ansätzen von E-Learning im Bereich Spedition und Logistik sowie den Entwicklungen im europäischen wie asiatischen Raum zur Integration von Menschen mit Behinderungen« Aufschluss über Entwicklungstendenzen im Logistiksektor geben (relevant für die Curriculumentwicklung im Projekt ELoQ) sowie thematische Schwerpunkte für den Einsatz digitaler Medien im Bereich der Ausbildung, insbesondere auch in Bezug auf Menschen mit Handicaps, eingrenzen und in die Entwicklung der Lernthemen respektive der Lernobjekte und Lernsituationen eingebunden werden.

6. Ausblick

Die Lernobjekte, Lernsituationen und Workshops, die im Gesamtszenario der virtuellen Übungsfirma *AutoKrad* konzipierten und im Lernmanagementsystem *Moodle* umgesetzten Ergebnisse des Gesamtprojekts ELoQ sollen sowohl bei den am Projekt beteiligten Bildungsträgern und Erprobungspartnern (CJD Dortmund, Josefsheim Bigge, Dachser GmbH & Co., Niederlassung Dortmund) als auch bei anderen Bildungsträgern über Transferaktivitäten und Bekanntmachungen auf Veranstaltungen, Tagungen und über das Internet – zumindest partiell – Einzug in die geregelten Unterrichtsformen des Berufsschulunterrichts finden. Sie können in den entsprechenden Ausbildungsbereichen als zusätzliches Selbstlernangebot in vorhandene Strukturen integriert werden. Insbesondere für den Transfer zu anderen Institutionen und Trägern wurde die Abschlussveranstaltung des Projekts Mitte November 2012 genutzt. Auf der Abschlusstagung des Projekts »Zugang zu beruflicher Bildung für alle – Inklusion und E-Learning« im Internationalen Begegnungszentrum der Technischen Universität Dortmund (IBZ) wurden die Endergebnisse des Gesamtprojekts vorgestellt und transferiert. Um der interessierten Fachöffentlichkeit eine detaillierte Einsicht in die Nutzungsweise der Plattform zu bieten, wurde im Rahmen der Abschlussveranstaltung ein Marktplatz angeboten (Postersession), um mit Ausbildern/Ausbilderinnen und Fachleuten ins persönliche Gespräch zu kommen und Kontaktdaten auszutauschen. Im Rahmen der Veranstaltung wurde noch einmal der freie Zugang zur Lernplattform thematisiert. Durch die abschließende Podiumsdiskussion wurden Entwicklungsmöglichkeiten der Online-Materialien erörtert und Vorschläge zu Transferaktivitäten offeriert.

Geringe Professionalisierung der Lehrkräfte (sowie Mentoren und Tutoren) in dem Bereich der medialen Bildung führen zu verlangsamten und unbefriedigenden Ergebnissen auf der Ebene der Netzwerkarbeit (angemerkt wird dies auch immer wieder bei Statuskonferenzen des BMBF zum Themenbereich *eQualification*). Im Rahmen der Transferaktivitäten kann das CJD Dortmund auf eigene Netzwerke und auf die Bundesarbeitsgemeinschaft der Berufsbildungswerke zurückgreifen. Eingebunden in ein Netzwerk von 150 CJD Standorten deutschlandweit kann das CJD Dortmund diese internen Netzwerkstrukturen nutzen und so die Verbreitung sowie Bekanntmachung der Lernplattform nachhaltig sichern.

Neben Mängeln in der Professionalisierung der Lehrkräfte im Umgang und der Konzeption von medialen Lernangeboten ist nur eine geringe Menge von den auf dem Markt befindlichen Online-Lernangeboten und Lernprogrammen auf die in ELoQ angesprochene Zielgruppe anwendbar. Barrierefreie Lernangebote für Menschen mit Behinderungen oder Handicaps sind meist nicht universell für alle Menschen einsetzbar. Sie sind häufig auf eine bestimmte Zielgruppe zugeschnitten und von kommerziellen Entwicklern oder Verlagen geschützt, sodass Transferaktivitäten und Austausch nur in eingeschränkter Form möglich sind. Hier besteht noch deutlicher Handlungsbedarf.

Allen Qualifizierungsangeboten – in medialer Form als Selbstlerneinheiten oder im Zuge von Präsenzveranstaltung – ist gemein, dass sie in den Regelausbildungsbetrieb integriert werden müssen, um den gewünschten Lernerfolg zu erzielen. Auch die stete Qualifizierung des Ausbildungspersonals sollte dabei zunehmend in den Blickwinkel rücken und progressiv konzeptionalisiert werden.

Appendix 1: BMBF »Qualifizieren mit digitalen Medien«

Das Bundesministerium für Bildung und Forschung fördert derzeit mit unterschiedlichen Förderbekanntmachungen die Entwicklung, Förderung und den Einsatz von Qualifizierungsangeboten mittels digitaler Medien in der beruflichen Aus- und Weiterbildung.

Mit insgesamt 60 Millionen Euro unterstützt das BMBF den Themenschwerpunkt »Qualifizieren mit digitalen Medien«. Gefördert werden unterschiedliche Projekt- und Produktkonzeptionen, die den obig genannten Forschungsgegenstand behandeln. Mit der Förderung der Projekte stellt sich die Bundesregierung verschiedenen bildungspolitischen Herausforderungen:

»Zum einen forciert der demografische Wandel den wachsenden Fachkräftemangel, zum anderen wird mit der sinkenden Halbwertszeit von Fachwissen zugleich der Druck erhöht, sich ständig weiterbilden zu müssen. Aus diesem Grund bedarf es sinnvoller und langfristig angelegter Maßnahmen, unter anderem auch neuer, effektiver Wege der Vermittlung von Lehr- und Lerninhalten. Nur so wird es Deutschland gelingen, weiterhin seine Spitzenposition im internationalen Wettbewerb um Bildung und Innovation zu sichern. «[7]

Eine Qualifizierung mit Hilfe neuer Medien wird als adäquate Möglichkeit angesehen, sich diesen Entwicklungen anzupassen und Qualifizierungsangebote flexibler und anforderungsgerechter gestalten zu können sowie nachhaltig Medienkompetenz zu fördern. Auch die durch die Web 2.0-Technologien unterstützten Aspekte wie soziale Vernetzung, Interaktion und Partizipation sollen in den geförderten Projekten berücksichtigt werden. So werde die Arbeit mit Wikis, Blogs und Communities als innovativer Qualifizierungsansatz gewertet, der digitale Medien zum integrierten Lern- und Arbeitsmittel macht

---

[7] Informationen zur Förderung von Vorhaben im Förderschwerpunkt »Digitale Medien in der Bildung«, verfügbar unter http://www.bmbf.de/de/16684.php, [letzter Zugriff am 18.03.2013].

und alle Bereiche des Lernens im Lebenslauf unterstützt (vgl. hierzu http://www.bmbf.de/de/16684.php.)

Nähere Informationen zum obig genannten Förderschwerpunkt finden sich auf den Seiten des Bundesministeriums für Bildung und Forschung (BMBF) unter: http://www.bmbf.de/de/16684.php. Andere im Rahmen des Förderprogramms durchgeführte Projekte sind auf den Seiten des BMBF gelistet. Detaillierte Informationen hierzu finden sich als Download, beispielsweise unter http://www.bmbf.de/pub/eQualification_ Statuskonferenz.pdf.

Appendix 2: Publikationen

Projektveröffentlichungen

Flyer
- Infoflyer zum Gesamtprojekt 2009, Team ELoQ;
- Infoflyer 1. Fachtagung, 2010, Team ELoQ;
- Infoflyer 2. Fachtagung, 2011, Team ELoQ;
- Infoflyer Abschlusstagung, 2012, Team ELoQ.

Online-Auftritte
- Projektvorstellung ELoQ unter www.rehadat.de;
- Projektvorstellung ELoQ unter www.bibb.de;
- Projektvorstellung ELoQ unter www.cjd-dortmund.de;
- Projekthomepage ELoQ unter www.projekt-eloq.de.

Bundesministerium für Bildung und Forschung (BMBF), Referat Digitale Medien und Informationsinfrastruktur (2011) (Hrsg.): eQualification. Mit digitalen Medien zu neuen Wegen der Qualifizierung, Bonn/Berlin: BMBF, S. 11.

Fisseler, Björn/Schaten, Michael (2011): Barrierefreies E-Learning und Universal Design, in: Biermann, Horst/Bonz, Bernhard (Hrsg.), Inklusive Berufsbildung. Didaktik beruflicher Teilhabe trotz Behinderung und Benachteiligung, Baltmannsweiler: Schneider-Verlag Hohengehren (Berufsbildung konkret), S. 208-218.

Fisseler, Björn/Schaten, Michael (2012): Barrierefreies E-Learning – Online-Lernen ohne Ausschluss, Dossier, Internetpräsenz »qualiboxx« (Schulen ans Netz e.V.), [eingestellt am 10. Mai 2012].

Piasecki, Peter (2012): Logistikausbildung: Barrierefreies E-Learning. Erste Ergebnisse im Projekt »ELoQ« für Ausbildung von Behinderten, in: Newsletter, logistik heute, Download PDF-Dokument unter: http://www.logistik-heute.de/Logistik-News-Logistik-Nachrichten/Karriere-News/9353/Erste-Ergebnisse-im-Projekt-ELoQ-fuer-Ausbildung-von-Behinderten-Logistika, [letzter Zugriff am 12.11.2012].

Piasecki, Peter/Sundermeier, Kai/Wieber, Eva: E-Learning in der Logistikausbildung – BMBF-Projekt im CJD Dortmund in Kooperation mit der TU Dortmund erfolgreich abgeschlossen, in: Bundesarbeitsgemeinschaft der Berufsbildungswerke (Hrsg.), Berufliche Rehabilitation, Beiträge zur beruflichen und sozialen Teilhabe junger Menschen mit Behinderungen, Freiburg: Lambertus Verlag GmbH (erscheint 2013).

Appendix 3: Beispiel »Lernobjekt Wegstrategien bei der Kommissionierung«

Einführung

Bei der Kommissionierung ist Zeit ein wesentlicher Faktor. Je nachdem, wie viele und welche Art von Positionen kommissioniert werden müssen, können unterschiedliche Wegstrategien genutzt werden. In dieser kurzen Lektion stellen wir Ihnen die 2 unterschiedlichen Wegstrategien vor. Am Ende dieser Lektion sollen Sie die beiden Strategien unterscheiden können.

Unterscheidung der Wegstrategien bei der Kommissionierung

Wenn die Mitarbeitenden in einem Lager die Kommissionierwege verkürzen, verkürzt sich auch die gesamte Kommissionierzeit. Sie können hier 2 unterschiedliche Strategien unterscheiden:

1. die Rundgangsstrategie;

2. die Stichgangsstrategie.

Die Strategie hängt von der Zusammensetzung der Kommissionieraufträge, den Transportiereigenschaften der Artikel, der Sortimentsbreite und -tiefe sowie vom Automatisierungsgrad der Lagertechnik ab.

Die Rundgangsstrategie

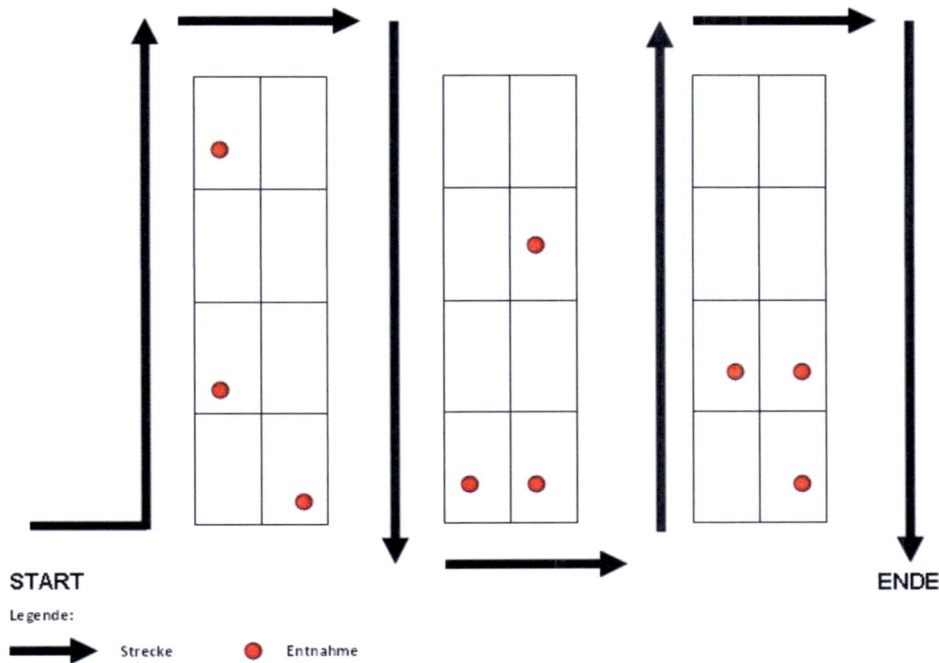

Abbildung 11: Rundgangsstrategie

Hier durchläuft bzw. durchfährt der Kommissionierer jeden Gang vom Start bis zum Ende. Es kommt zu langen Kommissionierzeiten. Wenn ein Artikel am Anfang des Regals liegt, muss der Kommissionierer trotzdem das gesamte Regal durchlaufen. Man verwendet diese Wegstrategie daher hauptsächlich...

- ... wenn wahrscheinlich ist, dass der Kommissionierer in jeder Gasse Positionen entnehmen muss.
- ... bei Aufträgen mit vielen Einzelpositionen, aber geringem Gesamtvolumen.

Die Stichgangsstrategie

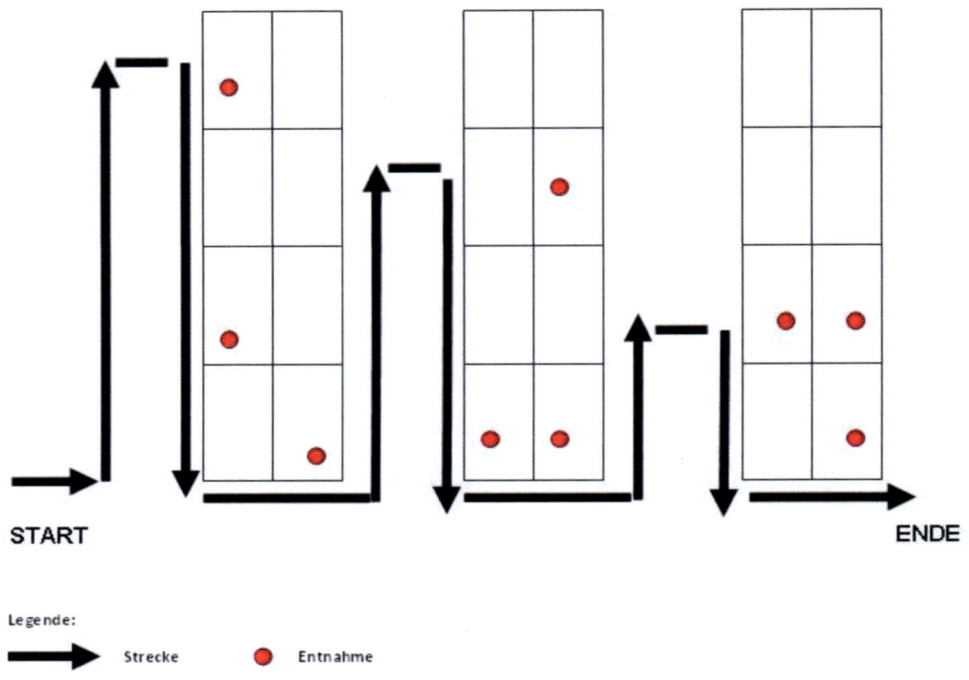

Abbildung 12: Stichgangsstrategie

Hier kann der Kommissionierer alle Gassen in beliebiger Richtung durchlaufen. Muss in einem Regal nur ein Artikel kommissioniert werden, fährt der Kommissionierer genau so weit in der Gasse, bis er die letzte Position des Auftrags aus dieser Gasse kommissioniert hat. Er fährt dann zum Anfang der Gasse zurück und kommissioniert die nächste Position. Bei der Stichgangsstrategie sollten die gelagerten Artikel nach der Zugriffshäufigkeit oder nach dem Saisoncharakter angeordnet werden. Artikel mit großer Nachfrage können so am Regalanfang gelagert werden. Wenn nur Positionen aus den ersten Regalen einer Gasse genommen werden müssen, müssen Sie nicht die ganze Gasse durchlaufen. Bei der Stichgangsstrategie sparen Sie Wegzeit!

Zusammenfassung

Es gibt 2 unterschiedliche Wegstrategien bei der Kommissionierung:

1. Die Rundgangsstrategie;

2. Die Stichgangsstrategie.

Die Rundgangsstrategie wird angewendet, wenn es wahrscheinlich ist, dass in jeder Gasse Positionen eines Auftrags kommissioniert werden müssen. Die Stichgangsstrategie wird verwendet, wenn das Durchlaufen der gesamten Gasse nicht nötig ist. Dies ist der Fall, wenn zum Beispiel nur Positionen am Anfang einer Gasse kommissioniert werden müssen.

Test zum Lernobjekt Wegstrategien bei der Kommissionierung

Frage 1: Multiple-Choice

Wie wird die Rundgangsstrategie noch genannt? Kreuzen Sie an.

(Stichgangsstrategie/Kreiselstrategie/Schleifenstrategie)

Frage 2: Wahr oder Falsch

Die Rundgangsstrategie wird angewendet, wenn wahrscheinlich ist, dass in jeder Regalgasse Positionen kommissioniert werden müssen.

(Wahr/Falsch)

Frage 3: Wahr oder Falsch

Bei der Stichgangsstrategie kann der Kommissionierer eine Gasse in jeder beliebigen Richtung durchlaufen.

(Wahr/Falsch)

Frage 4: Wahr oder Falsch

Die Rundgangsstrategie spart Wegzeit, weil nicht immer die komplette Gasse durchlaufen werden muss.

(Wahr/Falsch)

Glossar

Strategie: ... meint die geplanten Verhaltensweisen zur Erreichung der Ziele. In diesem Fall: wie muss der Kommissionierer am besten durch die Gassen fahren oder laufen, um die einzelnen Positionen eines Auftrags auf kurzem Weg entnehmen zu können.

Appendix 4: Beispiel »Lernobjekt Güter verladen«

1. Einführung

Das Verladen von Gütern auf die Transportfahrzeuge ist eine wichtige Aufgabe im Bereich der Logistik.

Die Güter müssen die Fahrt an den Bestimmungsort unbeschädigt überstehen und sie dürfen im Straßenverkehr keine Gefährdung darstellen. Hierzu muss die Ladung ordnungsgemäß gesichert werden.

Stellen Sie sich vor, die Güter würden lose auf den Ladeflächen der Transportfahrzeuge liegen. Bei jeder Kurve, beim Anfahren und Bremsen würden sie umfallen oder verrutschen. Dies würde wahrscheinlich zu einem Unfall führen, bei dem der Fahrer und andere Verkehrsteilnehmer schwer verletzt werden könnten. Um dies zu verhindern, gibt es verschiedene Arten der Ladungssicherung.

In dieser Lektion lernen Sie, welche Arten der Ladungssicherung es gibt. Sie erfahren, was Formschluss und Kraftschluss bedeuten und welche Einrichtungen und Mittel zur Sicherung verwendet werden. Darüber hinaus wird erklärt, wie eine Verladung abläuft und welche Schritte dabei notwendig sind.

2. Verladesysteme

Um Waren und Güter zu versenden, müssen diese zuvor verladen werden. Hierzu benötigen Betriebe und Unternehmen Verladesysteme, die ein schnelles, kostengünstiges und unfallfreies Beladen und Entladen ermöglichen. Hierbei kommen insbesondere Rampen zum Einsatz, die nach bestimmten Kriterien unterschieden werden. Dies sind die Beweglichkeit, die Anordnung im oder am Gebäude, die Umschlagsart und der Umschlagsort.

Unterscheidung nach der Beweglichkeit

- mobile Rampen: Dies sind Ladebrücken, um Höhenunterschiede zu überbrücken, Laderampen mit kippbarer und ausziehbarer Ladeplattform, fahrbare Auffahrrampen und hydraulische LKW-Hebebühnen.
- stationäre Rampen: Dies sind Beton-Laderampen an einem Gebäude. Diese unterscheiden sich nach der Form in Seitenrampen, Laderampen in Sägezahnform, Kopframpen und Dockrampen.

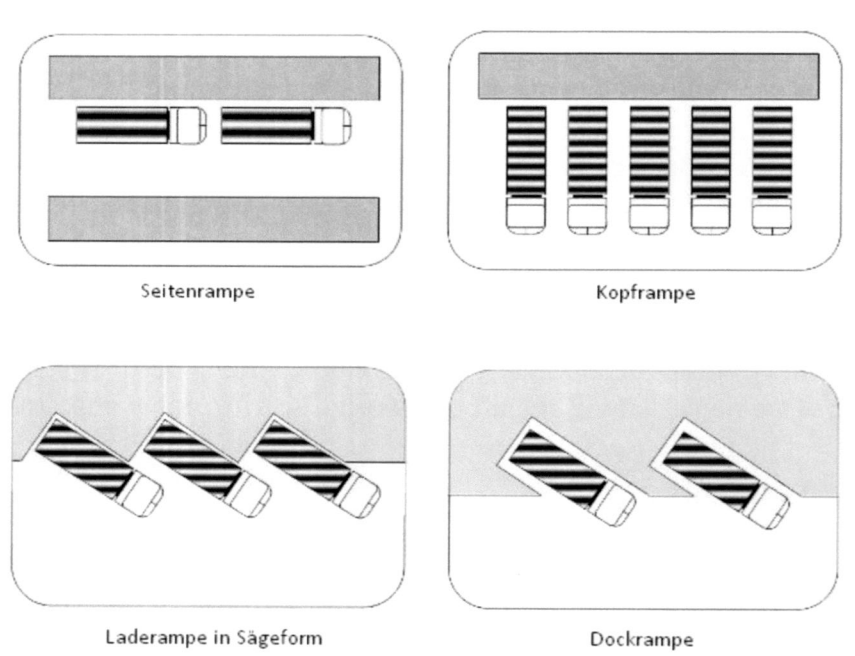

Abbildung 13: Verladesysteme

Unterscheidung nach der Anordnung in oder am Gebäude

- Innenrampe: Die Laderampe befindet sich innerhalb eines Gebäudes.
- Außenrampe: Die Laderampe befindet sich außerhalb eines Gebäudes.

Unterscheidung nach der Umschlagsart

- Seitenumschlag: Fahrzeuge werden von der Seite beladen oder entladen. Dies ist zum Beispiel bei der Seitenrampe der Fall.
- Heckumschlag: Fahrzeuge werden von hinten beladen. Dies ist bei der Kopframpe der Fall.
- Seiten- und Heckumschlag: Fahrzeuge können von der Seite und von hinten beladen werden. Dies ist bei der Laderampe in Sägeform und der Dockrampe der Fall.

Unterscheidung nach dem Umschlagsort

- Hallenniveau: Hier werden die Fahrzeuge an die Rampe herangefahren.
- Hofniveau: Auffahrrampen oder Hebebühnen am Fahrzeug selbst oder Rampen, die an das Fahrzeug herangefahren werden.

3. Arten der Ladungssicherung

Das Verladen von Gütern muss so geschehen, dass keine Unfallgefahr von der Ladung ausgeht. Hierzu muss die Ladung ausreichend gesichert sein. Die Ladeeinheiten selber werden durch den richtigen Einsatz der Förderhilfsmittel und Packmittel gesichert. Die Ladeeinheiten müssen in sich stabil und fest sein. Dies geschieht zum Beispiel durch die Verwendung von Gitterboxen oder durch die Ummantelung mit Schrumpffolie, Stahl- und Kunststoffbändern.

Beispiele für gesicherte Ladeeinheiten:

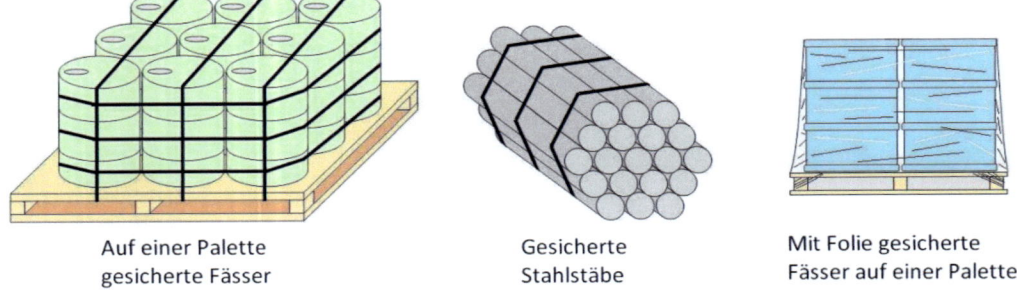

Auf einer Palette
gesicherte Fässer

Gesicherte
Stahlstäbe

Mit Folie gesicherte
Fässer auf einer Palette

Abbildung 14: Gesicherte Ladeeinheiten

Die Ladeeinheiten müssen aber auch beim Transport richtig gesichert sein. Hierzu gibt es drei Möglichkeiten:

- Die Ladung kann formschlüssig gesichert werden.
- Die Ladung kann kraftschlüssig gesichert werden.
- Die Ladung kann kombiniert gesichert werden. Das heißt, die Ladung wird formschlüssig und kraftschlüssig gesichert.

Die verschieden Formen der Ladungssicherung werden auf den nächsten Seiten beschrieben.

4. Formschlüssige Ladungssicherung

Formschlüssige Ladungssicherung bedeutet, dass die Ladeeinheiten beim Verladen in eine Form gebracht werden, durch die sie gegen das Umfallen und Verrutschen gesichert sind. Dies geschieht, indem die Ladung lückenlos verladen wird und nicht umfallen oder wegrollen kann. Oder die Ladeeinheiten werden durch zusätzliche Zurrmittel in ihrer Form gehalten.

Bei der formschlüssigen Ladungssicherung unterscheidet man zwischen:

- Anlegen oder Festsetzen der Ladung;
- Direktzurren.

Beim **Anlegen und Festsetzen** der Ladung wird so geladen, dass sich die Form nicht mehr ändern kann. Dies erreicht man, indem die Ladung den Laderaum vollständig ausfüllt und an allen Wänden des Transportfahrzeugs anliegt. Hierzu kann aber auch zusätzliches Füllmaterial genutzt werden.

Die Ladung kann auch durch Keile oder Festlegehölzer in Form gehalten werden. Oder es werden Hilfsmittel wie Klemmbacken, Trennwände, Ladegestelle oder ähnliches genutzt, um die Ladung einzuklemmen.

Beim **Direktzurren** werden die Ladeeinheiten durch die Verwendung von Zurrmitteln in ihrer Position gehalten. Dadurch wird ein Verrutschen beim Anfahren, Bremsen und in Kurven verhindert. Man unterscheidet beim Direktzurren zwischen Diagonalzurren, Schrägzurren und Schlingenzurren.

Diagonalzurren bedeutet, dass die Ladeeinheiten gesichert werden, indem von den Ecken der Ladeeinheiten zu den Ecken der Ladefläche Gurte gespannt werden. Die Zurrgurte verlaufen dann diagonal zur Ladefläche. Die Zurrgurte werden dabei handfest angezogen. Dabei werden die Gurte nur mit körperlicher Kraft festgezogen. Zur Ladungssicherung sind mindestens 4 Gurte nötig.

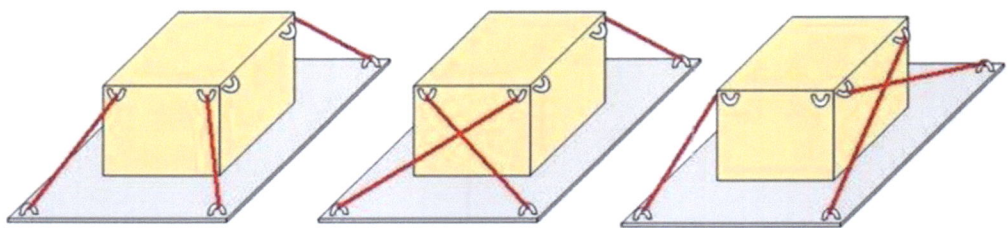

Abbildung 15: Diagonalzurren

Beim **Schrägzurren** werden an jeder Seite der Ladeeinheiten 2 Gurte angebracht. Diese werden dann gerade zu den Seiten der Ladefläche gespannt. Dabei bilden die Zurrgurte und die Ladefläche einen rechten Winkel. Beim Schrägzurren werden immer mindestens 8 Zurrgurte verwendet.

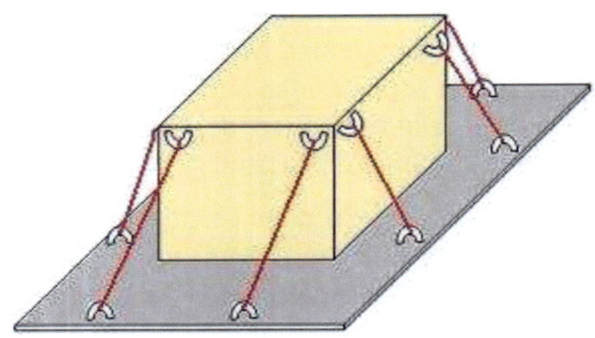

Abbildung 16: Schräggezurrte Ladeeinheit

Schlingenzurren wird dann genutzt, wenn die Ladeeinheiten keine Zurrpunkte, also Ösen, haben. Dann können an den Ladeeinheiten keine Zurrgurte, wie bei Diagonalzurren oder Schrägzurren, befestigt werden. Stattdessen werden ein oder mehrere Zurrgurte durch eine Schlinge an der Ladeeinheit befestigt. Die Gurte werden dann noch an der Ladefläche gesichert. Beim Schlingenzurren werden je nach Position der Ladeeinheit die Schlingen gelegt. Zusätzlich werden Hebegurte, Kantenwinkel oder Paletten benötigt, um die Schlinge zu führen.

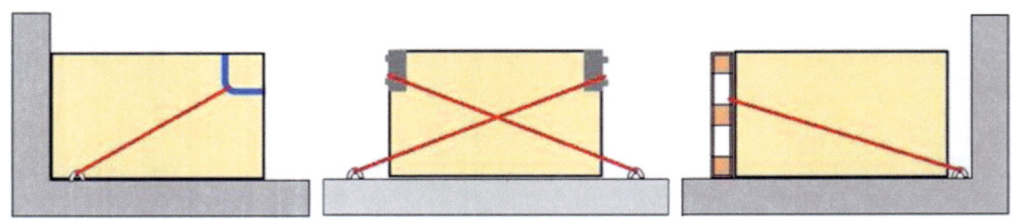

Abbildung 17: Möglichkeiten des Schlingenzurrens

5. Kraftschlüssige Ladungssicherung

Kraftschlüssige Ladungssicherung bedeutet, dass die Ladeeinheiten durch Zurrmittel auf die Ladefläche gepresst werden. Dadurch wird die Reibungskraft erhöht. Die Technik, die bei der kraftsicheren Ladungssicherung genutzt wird, heißt Niederzurren.

Beim **Niederzurren** werden die Zurrmittel über die Ladung geführt und an den Seiten der Ladefläche befestigt. Hierzu wird das Zurrmittel durch ein Spannelement, wie beispielsweise eine Ratsche, angezogen und gespannt. Dadurch entsteht eine Anpresskraft, welche die Ladung auf die Ladefläche presst. Die Reibungskraft wird so erhöht und die Ladung gesichert.

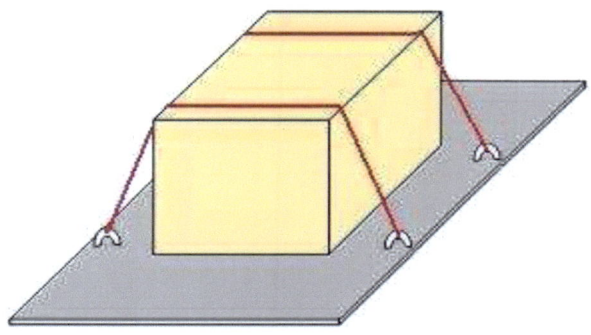

Abbildung 18: Niedergezurrte Ladung

Beim Niederzurren sind folgende Punkte zu beachten:
- Niederzurren eignet sich nur für formstabile Güter. Ansonsten verformen sich die Güter und die Reibungskraft wird nicht genug erhöht, um die Ladung zu sichern. Dies ist beispielsweise der Fall, wenn Säcke niedergezurrt werden.
- Beim Niederzurren sollten Kantengleiter benutzt werden. Sie schützen die Ladung vor einer Beschädigung durch das Niederzurren. Außerdem wird die eingesetzte Kraft so gleichmäßig auf der Ladung verteilt.

- Die Spannelemente sollten immer im Wechsel eingesetzt werden. So wird die Anpresskraft gleichmäßig verteilt.
- Frei stehende Ladung sollte immer mit mindestens 2 Zurrmitteln gesichert werden. So wird die Gefahr des Verrutschens verringert.

6. Kombination aus kraftschlüssiger und formschlüssiger Sicherung

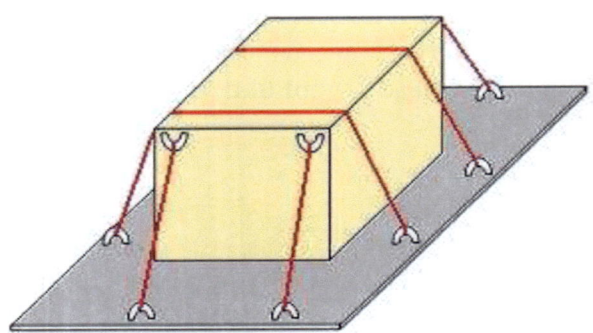

Abbildung 19: Kombination aus Kraftschluss und Formschluss

In der täglichen Praxis wird die Ladung häufig mit einer **Kombination aus Kraftschluss und Formschluss** gesichert. So wird durch den Formschluss die Position der Ladung eingehalten. Durch den Kraftschluss wird zusätzlich die Reibungskraft erhöht.

Eine Kombination aus Kraftschluss und Formschluss entsteht beispielsweise, wenn die Ladung durch gleichzeitiges Diagonalzurren und Niederzurren gesichert wird. So wird die Ladung optimal gesichert.

7. Einrichtungen und Mittel der Ladungssicherung

Um die Ladung durch Formschluss oder Kraftschluss zu sichern, gibt es verschiedene Einrichtungen und Hilfsmittel.

Einrichtungen zur Ladungssicherung

Einrichtungen zur Ladungssicherung sind Bauteile, die in der Ladefläche oder dem Fahrzeug angebracht sind. Sie werden zur Anbringung der Zurrmittel oder zur direkten Fixierung der Ladung verwendet. Hierzu gehören Zurrpunkte, Lochschienen, Ankerschienen und Coilmulden.

Zurrpunkte sind Möglichkeiten zur Verankerung und Befestigung von Zurrmitteln. Hierzu gehören Ösen, Haken und Zurrschienen. **Lochschienen** und **Ankerschienen** sind Metallschienen, in welche die Hilfsmittel eingerastet werden können.

Coilmulden sind Vertiefungen in der Ladefläche. Diese Vertiefungen werden zum Beispiel zur Ladung von Papierrollen, Drahtrollen oder Metallrollen (Coils) verwendet.

Hilfsmittel zur Ladungssicherung

Hilfsmittel sind Zubehörteile, die bei der Sicherung der Ladung verwendet werden. Hierzu gehören die Zurrgurte, Zurrketten, Zurrdrahtseile und sonstige Hilfsmittel.

Zurrgurte

Zurrgurte sind Bänder aus synthetischen Fasern. Sie setzen sich aus dem Spannmittel, dem Spannelement und dem Befestigungselement zusammen. Das Spannmittel ist der eigentliche Gurt. Das Spannelement, beispielsweise eine Ratsche, dient zum Festziehen der Gurte. Das Befestigungselement dient zur Anbringung an der Ladefläche, zum Beispiel durch Haken.

An den Zurrgurten muss ein Etikett angebracht sein, auf dem die zulässige Zurrkraft, die Vorspannkraft und die normale Handkraft zu erkennen sind. Zusätzlich müssen der Hersteller, das Fertigungsdatum, ein Rückverfolgbarkeitscode und ein besonderer Vermerk angebracht sein. Der Vermerk lautet: nicht heben, nur zurren. Die Zurrgurte dürfen also nur zur Befestigung, aber nicht zum Anheben der Ladung genutzt werden.

Zurrgurte dürfen nicht mehr benutzt werden, wenn der Gurt beschädigt oder verformt ist. Außerdem muss das Etikett vorhanden und erkennbar sein.

Zurrketten

Zurrketten sind Stahlketten aus gehärtetem Stahl. Sie haben eine höhere Zurrkraft. Das heißt, sie dürfen stärker belastet werden als Zurrgurte. Daher werden sie bei der Sicherung besonders schwerer Güter eingesetzt. Auch Zurrketten dürfen bei Beschädigung oder Verformung nicht mehr benutzt werden. Außerdem müssen sie einmal im Jahr durch einen Sachkundigen geprüft werden. Auch Zurrketten sind nicht zum Anheben der Ladung geeignet.

Zurrdrahtseile

Zurrdrahtseile sind besonders starke Drahtseile zur Ladungssicherung. Sie werden ebenfalls bei schweren Gütern genutzt. Ansonsten gelten für sie dieselben Vorgaben wie bei den Zurrketten.

Weitere Hilfsmittel

Sonstige Hilfsmittel sind zusätzliche Mittel, die bei der Ladungssicherung eingesetzt werden.

Kantenschoner sind Winkel aus Metall oder Kunststoff. Sie werden über die Kanten von Ladeeinheiten gelegt, um diese vor der Beanspruchung durch Zurrmittel zu schützen. Außerdem sorgen sie für eine gleichmäßige Verteilung der Vorspannkraft.

Netze und Planen verhindern, dass leichte Güter von offenen Ladeflächen geweht werden. Manchmal dienen Sie zur zusätzlichen Sicherung schwerer Güter.

Keile und Festlegehölzer werden eingesetzt, um die Ladung formschlüssig zu sichern. Hierzu werden sie auf der Ladefläche angenagelt. Die Ladefläche muss dazu jedoch nagelfähig sein. Das heißt, Nägel müssen tief genug in die Ladefläche geschlagen werden können.

Stausäcke sind Luftpolster, die Lücken in der Ladung ausfüllen. Sie bestehen aus mit Papier umhüllten Plastiksäcken, die mit Druckluft aufgeblasen werden. Stausäcke sind belastbar und besonders leicht. Sie sind aber nicht bei spitzen oder scharfen Ecken von Ladeeinheiten geeignet.

Rutschhemmende Materialien sind Matten, welche die Reibung zwischen den Ladeeinheiten und der Ladefläche erhöhen. Sie dürfen aber nur zusätzlich zu anderer Ladungssicherung verwendet werden. Alleine bieten sie keine ausreichende Sicherheit.

8. Ablauf einer Beladung

Der Ablauf einer Beladung bezeichnet das Aufbringen und Sichern des Ladegutes. Dies erfolgt in mehreren Schritten:

1. Erstellen eines Stauplanes;
2. Prüfung, ob das Ladegut den Anforderungen zur Beladung und dem Transport entspricht;
3. Prüfung des Transportfahrzeugs oder Containers vor dem Beladen;
4. Stauen der Ladung;
5. Sichern der Ladung;
6. Prüfung des Transportfahrzeugs oder Containers nach dem Beladen.

Erstellung eines Stauplanes

Ein Stauplan ist eine maßstabsgetreue Darstellung des Laderaumes oder Containers. In diesen wird eingetragen oder eingezeichnet, wie die Ladung verstaut werden soll. Dadurch wird die Kapazitätsauslastung des Laderaumes verbessert und der zur Verfügung stehende Raum wird besser genutzt. Anhand des Planes wird deutlich, wie das Gut beladen und entladen werden kann. Der Plan zeigt auf, in welcher Reihenfolge die Ladeeinheiten eingeladen und ausgeladen werden. Außerdem kann die notwendige Position der Stauhilfsmittel und der Mittel zur Ladungssicherung besser bestimmt werden.

Um einen Stauplan zu erstellen, muss man die genauen Maße und Gewichte der Ladungseinheiten kennen. Auch die zulässigen Höchstladungsgewichte und die Maße der Transportfahrzeuge oder Container müssen bekannt sein.

Prüfung der Anforderungen an das Ladegut

Folgende Anforderungen müssen erfüllt sein:

- Die Modulabmessung muss stimmen. Das heißt, die Abmessungen der Ladung und des Transportmittels müssen aufeinander abgestimmt sein.
- Die Stapelbarkeit der Ladeeinheiten muss gegeben sein. Dazu müssen die Ober- und Unterseite der Ladeeinheiten standsicher und druckfest sein.
- Die Druckfestigkeit der Seiten muss ausreichend sein, um die Ladung sichern zu können.
- Die Ladeeinheit selber muss standsicher sein.
- Der Schwerpunkt der Ladung muss niedrig und mittig sein. Ist dies nicht gegeben, muss an allen Seiten der Ladung der Schwerpunkt markiert werden.

Berechnung der Lastverteilung

Um den Gesamtschwerpunkt einer Ladung zu ermitteln, wird folgende Formel benutzt:

$$S_{ges} = \frac{m_1 \times S_1 + m_2 \times S_2 + m_3 \times S_3}{m_1 + m_2 + m_3}$$

S_{ges} steht für den Abstand des Schwerpunkts der Gesamtladung von der Stirnwand des Transportfahrzeugs.

m steht für das Gewicht der Einzelladungen in Tonnen oder Kilogramm.

S steht für den Abstand des Schwerpunkts der jeweiligen Teilladung zur Stirnwand des Transportfahrzeugs.

- Die Unterfahrbarkeit muss vorhanden sein, damit Fördermittel (z.B. Gabelstapler) eingesetzt werden können.

Prüfung des Transportfahrzeugs oder Containers

- Vor dem Beladen findet eine Außenprüfung des Transportmittels statt. Es dürfen keine Schäden oder Verformungen vorhanden sein. Außerdem muss die Verschlussvorrichtung der Türen funktionieren. Bei Containern muss ein CSC-Sicherheits-Zulassungsschild vorhanden sein und es dürfen keine Aufkleber der letzten Ladung mehr am Container sein.
- Es muss vor dem Beladen eine Innenprüfung des Transportmittels stattfinden. Dabei dürfen auch hier keine Beschädigungen oder Verformungen auftreten. Zusätzlich sollte der Laderaum wasserdicht, sauber und trocken sein. Alle nötigen Befestigungselemente müssen vorhanden sein und es dürfen keine Nägel oder ähnliches die Ladung beschädigen.

Stauen der Ladung

- Die Ladung wird gemäß dem Stauplan eingeladen.
- Dabei darf das Gewicht der Ladung die Nutzlast des Transportmittels nicht übersteigen.
- Das Gewicht der Ladung muss gleichmäßig über die Ladefläche verteilt sein.
- Packstücke dürfen sich nicht ineinander verkeilen.
- Es muss genug Platz für die Mittel zur Ladungssicherung vorhanden sein.

- Schweres und festes Gut wird unten eingeladen. Leichtes und weniger stabiles Gut kommt nach oben. Flüssigkeiten werden unten geladen, feste Stoffe werden oben geladen.
- Güter, die von den Eigenschaften nicht zusammenpassen, dürfen nicht zusammen gestaut werden. Diese Eigenschaften sind: stauberzeugend und staubempfindlich, geruchserzeugend und geruchsempfindlich, feuchtigkeitsabgebend und feuchtigkeitsempfindlich.
- Kälteempfindliche Güter dürfen nicht an den Wänden gestaut werden.
- Packstücke, die zuerst entladen werden müssen, werden zuletzt verstaut.
- Die Ladung muss so verstaut werden, dass sie beim Öffnen der Türen nicht herausfallen kann.

Sichern der Ladung

- Die Ladung muss so gesichert werden, dass beim Transport keine Gefahren von ihr ausgehen können.
- Die Einrichtungen und Mittel zur Ladungssicherung müssen passend ausgewählt und ordnungsgemäß genutzt werden.

Prüfung des Transportfahrzeugs oder Containers nach der Beladung

- Das Transportmittel darf nicht überladen sein.
- Die Türen und die Dachabdeckung müssen sorgfältig verschlossen sein.
- Die Verschlüsse von Containern müssen mit Plomben oder Siegeln gesichert sein.
- Alte Aufkleber an Containern müssen entfernt sein.

- Bei kühlenden Transportmitteln muss die Kühlung richtig eingestellt sein.

9. Zusammenfassung

Verladesysteme werden unterschieden nach:

- ihrer Beweglichkeit;
- der Anordnung im oder am Gebäude;
- der Umschlagsart;
- dem Umschlagsort.

Formen der Ladesicherung sind:

- Formschlüssige Ladesicherung durch
  - Anlegen und Festsetzen;
  - Direktzurren;
- Kraftsichere Ladungssicherung durch Niederzurren;
- Kombination aus Formschluss und Kraftschluss durch Direktzurren und Niederzurren.

Einrichtungen und Mittel der Ladesicherung sind:

- Einrichtungen
  - Zurrpunkte;
  - Loch- und Ankerschienen;
  - Coilmulden.
- Hilfsmittel
  - Zurrgurte;

- Zurrketten;
- Zurrdrahtseile;
- sonstige Hilfsmittel.

Ablauf der Beladung

1. Erstellung eines Stauplans;

2. Prüfung der Anforderungen an das Ladegut;

3. Prüfung des Transportfahrzeugs oder Containers vor dem Beladen;

4. Stauen der Ladung;

5. Sichern der Ladung;

6. Prüfung des Transportfahrzeugs oder Containers vor dem Beladen.

Test - Güter verladen 2

Frage 1: Multiple-Choice

Was bedeutet bei der Ladungssicherung der Begriff Formschluss?

- o Formschluss bedeutet, dass eine besondere Form oder Einrichtung um die Güter gelegt wird. Dadurch können sie nicht auseinanderfallen.
- o Formschluss bedeutet, dass die Form, in der sich Güter befinden, geschlossen sein muss. Dies bezieht sich auf Transportfahrzeuge und Container.

o Formschluss bedeutet, dass die Güter so verladen oder gesichert werden, dass sie ihre Position nicht verändern können. Sie werden durch die Sicherung in ihrer Form gehalten.

o Formschluss bedeutet, dass bestimmte Güter zuletzt verladen werden. Die Verladung wird so abgeschlossen, also beendet.

Frage 2: Mehrere Antworten

Was ist beim Niederzurren zu beachten? Markieren Sie die richtigen Antworten:

o Die Güter müssen formstabil sein.

o Es darf nur ein Zurrgurt verwendet werden.

o Es sollten Kantengleiter zum Schutz der Ladung verwendet werden.

o Es müssen mindestens zwei Zurrgurte verwendet werden.

o Die Zurrgurte müssen nacheinander angespannt werden, da sonst nicht die notwendige Kraft hergestellt werden kann, um die Güter zu sichern.

o Die Zurrgurte sollten im Wechsel angespannt werden, um die Kraft gleichmäßig zu verteilen.

Frage 3: Multiple-Choice

Welche der nachfolgenden Paarungen sind ein Beispiel für eine Kombination aus Formschluss und Kraftschluss?

o Anlegen der Ladung – Direktzurren;

o Diagonalzurren – Schlingenzurren;

o Diagonalzurren – Niederzurren;

o Direktzurren – Schrägzurren.

Frage 4: Mehrere Antworten

Zurrgurte müssen mit einem Etikett versehen sein. Welche Angaben müssen auf diesem Etikett stehen? Markieren Sie die richtigen Antworten.

- o Zurrkraft;
- o Vorspannkraft;
- o Benötigte Muskelkraft;
- o Handkraft;
- o Vermerk: nicht zurren, nur heben;
- o Hersteller;
- o Fertigungsdatum;
- o Materialangabe;
- o Vermerk: nicht heben, nur zurren;
- o Zu verwenden bis ... .

Literatur

BMBF, Informationen zur Förderung von Vorhaben im Förderschwerpunkt (Hrsg.) (2013): »Digitale Medien in der Bildung«, verfügbar unter http://www.bmbf.de/de/16684.php, [letzter Zugriff am 18.03.2013].

Hauptausschuss des Bundesinstituts für Berufsbildung (Hrsg.) (2006): Empfehlung des Hauptausschusses des Bundesinstituts für Berufsbildung Rahmenrichtlinien für Ausbildungsregelungen nach § 66 BBiG und § 42m HwO für behinderte Menschen, Download pdf-Dokument unter: http://www.bibb.de/dokumente/pdf/empfehlung_118-rahmenrichtlinien_ausb.regelung_beh.menschen_196.pdf, [letzter Zugriff am 18.10.2010].

Kluding, Patrick (2011): »Expertise zu anwendungsorientierten Ansätzen von E-learning im Bereich Spedition und Logistik sowie den Entwicklungen im europäischen wie asiatischen Raum zur Integration von Menschen mit Behinderungen«, DiaLog GmbH, [unveröffentlichtes Dokument].

Sekretariat der Kultusministerkonferenz, Referat Berufliche Bildung und Weiterbildung (Hrsg.) (2007): KMK-Rahmenlehrplan, Handreichung zur Erstellung von Rahmenlehrplänen der Kultusministerkonferenz für den berufsbezogenen Unterricht in der Berufsschule und ihre Abstimmung mit Ausbildungsordnungen des Bundes für anerkannte Ausbildungsberufe, Bonn, Download pdf-Dokument unter:http://www.kmk.org/fileadmin/veroeffentlichungen_beschluesse/2007/2007_09_01-Handreich-Rlpl-Berufsschule.pdf , [letzter Zugriff am 18.10.2010].

Projektbibliografie

ARNOLD, Dieter (2008): Handbuch Logistik, 3. neu bearbeitete Auflage, Berlin/Heidelberg: Springer Verlag.

ARNOLD, Rolf (2006): Die Unzeitgemäßheit der eLearning-Didaktik, in: Arnold, Rolf/Lernen, Markus eLearning Didaktik, Hohengehren: Schneider Verlag, S. 11-29.

ARNOLD, Rolf (2006): Neue Methoden betrieblicher Bildungsarbeit, in: Arnold, Rolf/Lipsmeier, Antonius Handbuch der Berufsbildung, Heidelberg: Vs Verlag, S. 355-369.

BABEL, Helene/HACKL, Bernd (2004): Handlungsorientierter Unterricht – Dirigierter Aktionismus oder Partizipative Kooperation, in: Mayer, Horst Otto/Treichel, Dietmar: Handlungsorientiertes Lernen und eLearning, München: Oldenbourg Verlag, S. 11-35.

BADER, Reinhard (2000): Konstruieren von Lernfeldern – Eine Handreichung für Rahmenlehrplanausschüsse und Bildungsgangkonferenzen in technischen Berufsfeldern, in: Bader, Reinhard, Lernen in Lernfeldern, theoretische Analysen und Gestaltungsansätze zum Lernfeldkonzept, Markt Schwaben, S. 33-50.

BADER, Reinhard (2004): Handlungsfelder-Lernfelder-Lernsituationen, S. 11-37, in: Bader, Reinhard / Müller, Martina, Unterrichtsgestaltung nach dem Lernfeldkonzept, Bielefeld: W. Bertelsmann Verlag, Download pdf-Dokument unter: http://www.uni-siegen.de/fb2/berufspaedagogik/lehre/downloads/handlungsfelder_bader.pdf, [letzter Zugriff am 11.02.10].

BADER, Reinhard (2004): Handlungsorientierung als didaktisch-methodisches Konzept der Berufsbildung, in: Bader, Reinhard/Müller, Martina, Unterrichtsgestaltung nach dem Lernfeldkonzept, Bielefeld: W. Bertelsmann Verlag, S. 61-68, Download pdf-Dokument unter: http://www.uni-siegen.de/fb2/berufspaedagogik/lehre/downloads/handlungsorientierun g_bader.pdf[letzter Zugriff am 11.02.10].

BADER, Reinhard/MÜLLER, Martina (2002): Fachdidaktische Professionalität zur Gestaltung des Lernfeldkonzeptes – Anforderungen an die Lernenden und schulorganisatorische Rahmenbedingungen, in: Bader, Reinhard/Sloane, Peter F. E., Bildungsmanagement im Lernfeldkonzept, curriculare und organisatorische Gestaltung, Paderborn: Eusl Verlag, S. 63-77.

BADER, Reinhard/MÜLLER, Martina (2004): Weiterentwicklung des Lernfeldkonzeptes – Empfehlungen an die KMK, in: Bader Reinhard/Müller, Martina, Unterrichtsgestaltung nach dem Lernfeldkonzept, Bielefeld: Bertelsmann Verlag, S. 69-81.

BALLIN, Dieter/BRATER, Dieter (1996): Handlungsorientiert lernen mit Multimedia – Lernarrangements planen, entwickeln und einsetzen, Nürnberg: Verlag BW Bildung und Wissen.

BARTOS, Thomas J. (2004): Selbstgesteuertes und kooperatives Lernen mit Neuen Medien, Download pdf-Dokument unter: http://deposit.fernuni-hagen.de/42/1/Diss_Bartos.pdf, [letzter Zugriff am 30.09.2010].

BAUMANN, Gerd u.a. (2008): Logistische Prozesse, Berufe in der Lagerlogistik, 15. Auflage, 1. korrigierter Nachdruck, Troisdorf: Bildungsverlag EINS.

BAUMGARTNER, Peter (2002): Pädagogische Anforderungen für die Bewertung und Auswahl von Lernsoftware, in: Issing/Klimsa, Informationen und Lernen mit Multimedia, Lehrbuch für Studium und Praxis, Weinheim: Beltz Verlag, PVU, S. 427-442.

BAUMGARTNER, Peter (2007): Brauchen die neuen Medien eine neue Didaktik? Download pdf-Dokument unter: http://wit.tuwien.ac.at/events/baumgartner/Folien_Baumgartner.pdf, [letzter Zugriff am 20.05.2010].

BAUMGARTNER, Peter (2007): E-Learning Impulse: Blended Learning ist sauteuer – aber es wirkt, Download pdf-Dokument unter: http://www.peter.baumgartner.name/material/slides/blended-learning-

tu-wien.pdf
[letzter Zugriff am 19.05.2010].

BAUMGARTNER, Peter (2007): Gestaltungsebenen von E-Learning
Download pdf-Dokument unter:
http://www.peter.baumgartner.name/material/slides/gestaltungsebenen
_von_elearning.pdf/view,[letzter Zugriff am 20.05.2010].

BAUMGARTNER, Peter (2009): Die zukünftige Bedeutung von Online-Lernen für
lebenslanges Lernen, in: Issing, Ludwig J./Klimsa, Paul, Online-Lernen –
Handbuch für Wissenschaft und Praxis München: Oldenbourg Verlag, S.
505-513, Download pdf-Dokument unter:
http://www.peter.baumgartner.name/schriften/publications-
de/pdfs/baumgartner_zukunft_lll_2008.pdf, [letzter Zugriff am
08.04.2010].

BAUMGARTNER, Peter/HÄFELE, Hartmut/MAIER-HÄFELE, Kornelia (2002): E-
Learning Standards aus didaktischer Perspektive, in: Bachmann,
Gudrun/Häfele, Odette/Kindt, Michael (Hrsg.), Campus 2002, Die Virtuelle
Hochschule in der Konsolidierungsphase, Münster/New
York/München/Berlin: Waxmann Verlag, S. 277-286.

BAUMGARTNER, Peter: Didaktische Anforderungen an (multimediale)
Lernsoftware, in: Issing, Ludwig J./Klimsa, Paul, Informationen und Lernen
mit Multimedia, 2. Auflage, S. 427-442.
Download pdf-Dokument unter:
http://www.peter.baumgartner.name/schriften/article-de/didaktische-
anforderungen-an-multimediale-lernsoftware, [letzter Zugriff am
30.03.2010].

BAUMGARTNER, Peter: Von didaktischen Erfahrungen lernen – aber wie? Zur
Systematik von Gestaltungsebenen bei Blended-Learning Szenarien,
Download pdf-Dokument unter:
http://www.gmw10.ch/fileadmin/user_upload/GMW10_Session-E-
2_Baumgartner_DidaktischeErfahrungen.pdf, [letzter Zugriff am
15.10.2010].

BEHRENDT, Erich (2001): Multimediale Lernarrangements im Betrieb, in: Pfeil, Gunnar/Hoppe, Manfred, Neue Medien, Perspektiven für das Lernen und Lehren in der beruflichen Bildung, Bielefeld: W. Bertelsmann Verlag, S. 127-138.

BEUTNER, Marc/**TWARDY**, Martin (2003): Lernkonstellationen als didaktische Umsetzungsvariante – Überlegungen zu einem fächerübergreifenden praxisorientierten Konzept unter Berücksichtigung von Tele- und Präsenzlernphasen, in: Dehnbostel, Peter/Dippl, Zorana/Elster, Frank/Vogel, Thomas, Perspektiven moderner Berufsbildung, Bielefeld: Bertelsmann Verlag, S. 83-100.

BONZ, Bernhard (2009): Methoden der Berufsbildung, 2. Auflage, Stuttgart: S. Hirtzel Verlag.

BONZ, Bernhard (2009): Methoden der Berufsbildung. Ein Lehrbuch. Stuttgart: S. Hirzel Verlag.

BONZ, Bernhard/**KOCHENDÖRFER**, Jürgen/**SCHANZ**, Heinrich (Hrsg.) (2009): Lernfeldorientierter Unterricht und allgemeinbildende Fächer, Baltmannsweiler: Schneider Verlag Hohengehren.

BREUER, Jens/**SCHWEERS**, Christoph/**TWARDY**, Martin (2002): Neue Entwicklung in der Berufsbildung, in: Schweers, C./Strahler, B./Tiemeyer, E., Bildungsnetzwerke und Lernortkooperation. Konzepte und Transfermöglichkeiten, Download pdf-Dokument unter: http://christoph-schweers.de/files/breuer-schweers-twardy-2002.pdf, [letzter Zugriff am 30.03.2010].

BRUNS, Beate/**GAJEWSKI**, Petra: Multimediales Lernen im Netz – Leitfaden für Entscheider und Planer (2002), Berlin/Heidelberg/New York: Springer.

BUNDESINSTITUT FÜR BERUFSBILDUNG (Hrsg.) (2007), Koch, Johannes/Bahl, Anke, Prozessorientiert ausbilden, Ein computergestütztes Lern- und Arbeitsprogramm zur Planung einer prozess- und handlungsorientierten Ausbildung, Bielefeld: W. Bertelsmann Verlag.

BUNDESMINISTERIUM FÜR VERKEHR, INNOVATION UND TECHNOLOGIE (Hrsg.) (2002): eLogistics Ausbildung Konzepterstellung und Entwicklung (eLAB), Endbericht, Download pdf-Dokument unter: http://www.bmvit.gv.at/service/publikationen/innovation/downloads/sch lussbericht_elab_mai_2002.pdf, [letzter Zugriff am 15.10.2010].

BURKART, Brigitte: E-Learning in der betrieblichen Bildung, Hochschule für Gestaltung, Technik und Wirtschaft, Download pdf-Dokument unter: http://www.christine-kunzmann.de/pdf/elearning.pdf , [letzter Zugriff am 12.04.2010].

DEDERING, Heinz (1994): Einführung in das Lernfeld Arbeitslehre, München/Wien: Oldenbourg Verlag.

DEUTSCHES PÄDAGOGISCHES INSTITUT BOZEN (Hrsg.): Lehrerhandbuch zum Arbeitsbuch zur politischen Bildung für die 1., 2. und 3. Klasse der Südtiroler Mittelschule, „Miteinander leben", Download pdf-Dokument unter: http://www.schule.suedtirol.it/pi/downloads/lehrerhandbuch.pdf, [letzter Zugriff am 15.10.2010].

DICHANZ, Horst/**ERNST**, Anette (2001): E-Learning. Begriffliche, psychologische und didaktische Überlegungen zum „electronic learning", Download pdf-Dokument unter: http://www.medienpaed.com/00-2/dichanz_ernst1.pdf, [letzter Zugriff am 15.10.2010].

DITTLER, Ullrich/**JECHLE**, Thomas (2009): E-Learning in der Aus- und Weiterbildung, in: Issing, Ludwig J./Klimsa, Paul, Online-Lernen – Handbuch für Wissenschaft und Praxis, München: Oldenbourg Verlag, S. 419-426.

DITTLER, Ulrich/**KRAMERITSCH**, Jakob/**NISTOR**, Nicolae/**SCHWARZ**, Christine/**THILLOSEN**, Anne (Hrsg.) (2009): E-Learning: Eine Zwischenbilanz, Kritscher Rückblick als Basis eines Aufbruchs, Münster/New York/München/Berlin: Waxmann Verlag.

EHLERS, Ulf-Daniel (2004): Qualität im E-Learning aus Lernersicht – Grundlagen, Empirie und Modellkonzeption subjektiver Qualität, Wiesbaden: Vs Verlag.

ERNST, John: Fallstudien und Fallstudienunterricht, in: Achtenhagen, Frank/Ernst, John (Hrsg.), Mehrdimensionale Lehr-Lernarrangements – Innovationen in der kaufmännischen Aus- und Weiterbildung, Wiesbaden: Gabler Verlag, S. 79-91.

EULER, Dieter/SEUFERT, Sabine (2009): E-Learning in Management und Unternehmenskommunikation, in: Issing L. J. / Klimsa, P. (Hrsg.), Online-Lernen. Handbuch für Wissenschaft und Praxis, München: Oldenbourg Verlag, S. 427 438.

EULER, Dieter/SEUFERT, Sabine (2005): Nachhaltigkeit von eLearning-Innovationen: Fallstudien zu Implementierungsstrategien von eLearning als Innovationen an Hochschulen, Download pdf-Dokument unter: http://www.e-teaching.org/projekt/fallstudien/2005-01-seufert-euler-nachhaltigkeit-elearning.pdf, [letzter Zugriff am 13.10.2010].

EULER, Dieter/SEUFERT, Sabine/WILBERS, Karl (2006): eLearning in der Berufsbildung, in: Arnold, Rolf/Lipsmeier, Antonius Handbuch der Berufsbildung, Vs Verlag, S. 432-450.

FALLER, Monika (2003): Die Umsetzung des Lernfeldkonzeptes mit computergestützten Lernumgebungen, Mannheim: bwp@ Nr. 4, Download pdf-Dokument unter: http://www.bwpat.de, [letzter Zugriff am 11.10.2010].

FISCHER, Heidi (2003): Der multimediale Bildungsweg: Das selbstgesteuerte Lernen am Beispiel E-Learning, Norderstedt: Studienarbeit Books on Demand GmbH.

FISCHER, Martin/GROLLMANN, Phillip/BIBHUTI, Roy/STEFFEN, Nikolaus (2003): E-Learning in der Berufsbildungspraxis, Stand, Probleme, Perspektiven, Download pdf-Dokument unter: http://www.itb.uni-bremen.de/downloads/fb_06_03.pdf, [letzter Zugriff am 08.10.2010].

FISCHER, Stefanie I. (2002): E-Learning in der Praxis – Das Berlitz Internet Sprachcenter, in: Issing, Ludwig J./Klimsa, Paul, Information und Lernen mit Multimedia und Internet, Weinheim/Basel: Beltz PVU, S. 413-424.

FIX, Wolfgang (1989): Juniorenfirmen – Ein innovatives Konzept zur Förderung von Schlüsselqualifikationen, Berlin: Erich Schmidt Verlag..

FLECHSIG, Karl-Heinz (1996): Kleines Handbuch didaktischer Modelle Verlag für lebendiges Lernen, Eichenzell: Neuland.

FREY, Karl (1982): Die Projektmethode, »Der Weg zum bildenden Tun«, 9.überarbeitete Auflage 2002, Weinheim/Basel: Beltz Verlag.

FREY, Karl (1982): Die Projektmethode, »Der Weg zum bildenden Tun«, 9.überarbeitete Auflage 2002, Weinheim/Basel: Beltz Verlag, S. 192-193.

GEORGIEFF, Peter/KIMPELER, Simone/REVERMANN, Christoph (2005): eLearning in der beruflichen Aus- und Weiterbildung, Sachstandsbericht zum Monitoring eLEARNING, Arbeitsbericht Nr. 105, Download pdf-Dokument unter: http://www.tab-beim-bundestag.de/de/pdf/publikationen/berichte/TAB-Arbeitsbericht-ab105.pdf, [letzter Zugriff am 07.10.2010].

GLÖCKEL, Hans (1996): Vom Unterricht: Lehrbuch der allgemeinen Didaktik. 3. Auflage, Bad Heilbrunn:Verlag Julius Klinkhardt

GRELL, Jochen/GRELL, Monika (1983): Unterrichtsrezepte, Weinheim/Basel: Beltz Verlag.

HAHNE, Klaus (2001): Multimedia im Handwerk – Schwierigkeiten und Entwicklungen, in: Pfeil, Gunnar/Hoppe, Manfred, Neue Medien – Perspektiven für das Lernen und Lehren in der beruflichen Bildung, Bielefeld: W. Bertelsmann Verlag, S. 105-125.

HAHNE, Klaus (2004): Qualitätsverbesserung des auftragsorientierten Arbeitens im Handwerk durch E-Learning?, in: Zinke, Gert/Härtel, Michael,E-Learning: Qualität und Nutzerakzeptanz sichern – Beiträge zur Planung, Umsetzung und Evaluation multimedialer und netzgestützter Anwendungen Bielefeld: W. Bertelsmann Verlag, Schriftenreihe des BIBB.

HÄRTEL, Michael/MAIER, Erwin/ZINKE, Gert (2002): E-Learning - Anspruch und Praxis, in: Forum 4/BIBB Fachkongress, BWP 5/2002 Download pdf-Dokument unter: http://www.bibb.de/redaktion/fachkongress2002/material/forum4/ak1/thesen.pdf, [letzter Zugriff am 30.03.2010].

HÄRTEL, Michael/ZINKE, Gert (2004): Anspruch und Praxis von E-Learning, in: Zinke, Gert/Härtel, Michael, E-Learning: Qualität und Nutzerakzeptanz sichern – Beiträge zur Planung, Umsetzung und Evaluation multimedialer und netzgestützter Anwendungen, Bielefeld: Bertelsmann Verlag, Schriftenreihe des BIBB.

HEIMLICH, Ulrich/WEMBER, Franz B. (Hrsg.) (2007): Didaktik des Unterrichts im Förderschwerpunkt Lernen, Ein Handbuch für Studium und Praxis, Stuttgart: Verlag W. Kohlhammer.

HENSGE, Kathrin: Bildungstechnologie für moderne Bildungskonzepte – Gestaltungsoptionen des Internets in BWP 1/2003, Download pdf-Dokument unter: www.bibb.de/veroeffentlichungen/de/publication/download/id/755, [letzter Zugriff am 01.04.2010].

HERZIG, Bardo (2001): Lerntheoretisch und didaktisch begründete Anforderungen an Lernumgebungen zum selbstgesteuerten Lernen, in: Pfeil, Gunnar/Hoppe, Manfred, Neue Medien – Perspektiven für das Lernen und Lehren in der beruflichen Bildung, Bielefeld: W. Bertelsmann Verlag, S. 41-88.

HETTINGER, Jochen (2008): E-Learning in der Schule, Grundlagen, Modelle, Perspektive, München: kopaed.

HEYER, Susanne/ NOWACZYK, Olaf (2005): Übertragung der didaktischen Modelle Flechsigs auf E-Learning , Forschungsberichte des Fachbereichs Elektrotechnik und Informationstechnik, Download pdf-Dokument unter: http://www.fernuni-hagen.de/imperia/md/content/fakultaetfuermathematikundinformatik/fo

rschung/berichteetit/forschungsbericht_10_2005.pdf, [letzter Zugriff am 30.09.2010].

HOPPE, Manfred (2001): Zum Verhältnis von virtuellem und authentischem Lernen in der Berufsbildung, in: Pfeil, Gunnar/Hoppe, Manfred, Neue Medien, Perspektiven für das Lernen und Lehren in der beruflichen Bildung, Bielefeld: W. Bertelsmann Verlag, S. 227-238.

HORNBOSTEL, Martin H. (2007): E-Learning und Didaktik. Didaktische Innovationen in Online-Seminaren. Boizenburg: Verlag Verner Hülsbusch.

HOWE, Falk (2008): Vom Lernfeld zur Lern- und Arbeitsaufgabe – (Re) Interpretation und unterrichtliche Umsetzung von Lernfeldern nach dem Konzept der Kompetenzwerkst@tt, Download pdf-Dokument unter: http://www.bwpat.de/ht2008/ft03/howe_ft03-ht2008_spezial4.pdf, [letzter Zugriff am 07.10.2010].

HOWE, Falk/JAROSCH, Jürgen/ZINKE, Gert (Hrsg.) (2008): Ausbildungskonzepte und Neue Medien in der überbetrieblichen Ausbildung, Bielefeld: W. Bertelsmann Verlag.

HOWE, Falk/KNUTZEN, Sönke (2004) Kompetenzwerkstatt Recycling – Arbeitsprozessorientierte Lehr-Lernarrangements mit integrierter Lernsoftware in der Berufsvorbereitung, Download pdf-Dokument unter: http://www.bwpat.de/ausgabe6/howe_knutzen_bwpat6.pdf, [letzter Zugriff am 07.10.2010].

Howe, Falk/Knutzen, Sönke (2005): E-Learning in der Berufsvorbereitung – Arbeitsprozessorientierte softwaregestützte Lehr-Lern-Arrangements für benachteiligte Jugendliche am Beispiel des Elektroschrott- und Kfz-Recyclings, Göttingen: Cuvillier Verlag.

HOWE, Falk: Die Kompetenzwerkst@tt – Ein berufswissenschaftliches E-Learning-Konzept, in: Herkner, V/Vermehr, B. (Hrsg.) Berufsfeldwissenschaft – Berufsfelddidaktik – Lehrerbildung, Beiträge zur Didaktik gewerblich-technischer Berufsbildung, Bremen 2004: Donat Verlag. Download pdf-Dokument unter:

http://www.laenderaktiv.de/laenderdb/MATuploads/01NL0216_01NL020
8_P_Kompetenzwerkstatt_berufswissenschaftliches%20eLearning%20Kon
zept.pdf, [letzter Zugriff am 07.10.2010].

HOWE, Falk: Die Kompetenzwerkst@tt – ein E-Learning-Konzept für die
gewerblich-technische Berufsbildung, in: Pangalos, Joseph/Spöttl,
Georg/Knutzen, Sönke/Howe, Falk, Informatisierung von Arbeit, Technik
und Bildung, Eine berufswissenschaftliche Bestandsaufnahme, S. 211-
219.

HOWE, Falk: Software- und internetgestützte Lern- und Arbeitsaufgaben in der
überbetrieblichen Ausbildung, in: Howe, Falk /Jarosch, Jürgen/Zinke, Gert,
Ausbildungskonzepte und Neue Medien in der überbetrieblichen
Ausbildung (2008), Bielefeld: W. Bertelsmann Verlag, Schriftenreihe des
BIBB, S. 47-74,Download pdf-Dokument unter
http://www.bwpat.de/ausgabe10/editorial_bwpat10.pdf (Zuletzt
abgerufen am 21.10.2010).

IHBE, Wolfgang (2001): Lernen mit Multimedia – Ein Beitrag zur Förderung
beruflicher Handlungskompetenzen, in: Pfeil, Gunnar/Hoppe, Manfred,
Neue Medien, Perspektiven für das Lernen und Lehren in der beruflichen
Bildung, Bielefeld: W. Bertelsmann Verlag, S. 89-104.

INSTITUT DER DEUTSCHEN WIRTSCHAFT KÖLN (Hrsg.) (2004): E-Learning: Theorie und
betriebliche Praxis. Fallstudien aus der betrieblichen Bildungsarbeit, Köln:
Deutscher Instituts-Verlag, Download pdf-Dokument unter:
http://www.divkoeln.de/Portals/0/Shop/pdf/e_learning.pdf, [letzter
Zugriff am 15.10.2010].

INSTITUT FÜR SOZIALFORSCHUNG UND SOZIALWIRTSCHAFT E.V. (iso) (Hrsg.) (2004):
Professionalisierungsbedarf in der Logistik spezieller Branchen durch
Weiterbildung, Endbericht, Saarbrücken, Download pdf-Dokument unter:
http://www.iso-institut.de/download/Logistik-Endbericht.pdf, [letzter
Zugriff am 14.10.2010].

KAISER, Franz J./KAMINSKI, Hans (1999): Methodik des Ökonomie-Unterrichts, Grundlagen eines handlungsorientierten Lernkonzepts mit Beispielen, Bad Heilbrunn: Verlag Julius Klinkhardt.

KERRES, Michael (2005): Gestaltungsorientierte Mediendidaktik und ihr Verhältnis zur Allgemeinen Didaktik, in: Stadtfeld, Peter/Diekmann, Bernhard, Allgemeine Didaktik im Wandel, Bad Heilbrunn: Verlag Julius Klinkhardt, S. 214-234.

KERRES, Michael/JECHLE, Thomas (2002): Didaktische Konzeption des Telelernens, in: Issing/Klimsa, Informationen und Lernen mit Multimedia, Lehrbuch für Studium und Praxis, Weinheim: Beltz Verlag, PVU, S. 267-283.

KERRES, Michael: Wirkungen und Wirksamkeit neuer Medien in der Bildung, in: Keil-Slawik, R./Kerres, Michael, Education Quality Forum, Wirkungen und Wirksamkeit neuer Medien, Münster: Waxmann Verlag (2002), S. 31-44, Download pdf-Dokument unter: http://mediendidaktik.uni-duisburg-essen.de/system/files/eq-wirkungen-kerres.pdf, [letzter Zugriff am 07.04.2010].

KLEBL, Michel (2006): Tätigkeit als Kategorie der Analyse und Gestaltung mediengestützter Lernszenarien, Download pdf-Dokument unter: http://www.fernuni-hagen.de/KSW/download/av/av_klebl.pdf, [letzter Zugriff am 18.05.2010].

KLEIN, Kerstin (2008): Lernen mit Projekten, In der Gruppe planen, durchführen, präsentieren, Mülheim an der Ruhr: Verlag an der Ruhr.

KNUTZEN, Sönke (2005): Die Arbeitsprozessmatrix-Online. Ein berufswissenschaftliches Werkzeug zur Analyse und Beschreibung von beruflichen Arbeitsprozessen, Download pdf-Dokument unter: http://www.laenderaktiv.de/laenderdb/MATuploads/01NL0216_01NL0208_P_Arbeitsprozessmatrix%20Online.pdf, [letzter Zugriff am 07.10.2010].

KNUTZEN, SÖNKE (2008): Ziele und Inhalte arbeitsprozessorientierten Lernens – Instrumente zur Analyse und Beschreibung beruflicher

Handlungskompetenzen, in: Howe, Falk/Jarosch, Jürgen/Zinke, Gert, Ausbildungskonzepte und Neue Medien in der überbetrieblichen Ausbildung, Bielefeld: Bertelsmann Verlag, Schriftenreihe des BIBB, S. 29-46.

KNUTZEN, Sönke/HOWE, Falk (2009): E-Learning im Handwerk, in: Issing, Ludwig J./Klimsa, Paul, Online-Lernen – Handbuch für Wissenschaft und Praxis, München: Oldenbourg Verlag, S. 439-446.

KNUTZEN, Sönke (2009): Die Arbeitsprozessmatrix-Online als berufswissenschaftliches Analysewerkzeug im Projekt Kompetenzwerkstatt, in: Pangalos, Joseph/Spöttl, Georg/Knutzen, Sönke/Howe, Falk, Informatisierung von Arbeit, Technik und Bildung, Eine berufswissenschaftliche Bestandsaufnahme, S. 221-232.

KÖCK, Michael (2006): Unterlagen aus der Vorlesung Berufspädagogische Grundlagen beruflicher Aus- und Weiterbildung, Katholische Universität Eichstätt Ingoldstadt, Download pdf-Dokument unter: http://www.kueichstaett.de/Fakultaeten/PPF/fachgebiete/Arbeitswissenschaft/didaktikarblehr/Lehre/Fachwissenschaftliche%20Grundlagen/HF_sections/content/103415209635569/103415209668966/103415209669019/Betriebliche%20Ausbildung%20Vorlesung.pdf, [letzter Zugriff am 07.10.2010].

KOHN, Werner (2002): E-Learning in der betrieblichen Aus- und Weiterbildung am Beispiel der Virtuellen Versicherungs-Akademie VIVERSA, in: Issing, Ludwig J./Klimsa, Paul, Information und Lernen mit Multimedia und Internet, Beltz Verlag PVU, S. 395-410.

KOHN, Werner (2002): E-Learning in der betrieblichen Aus- und Weiterbildung am Beispiel der Virtuellen Versicherungs-Akademie VIVERSA, in: Issing, Ludwig J./Klimsa, Pau, Information und Lernen mit Multimedia und Internet, Beltz Verlag PVU, S. 395-410.

KORBMACHER, Karlheinz (1992): Eine didaktische Konzeption handlungsorientierten Lernens, Download pdf-Dokument unter:

http://www.luk-korbmacher.de/Schule/Buwi/texte/lernen/hand.htm ,
[letzter Zugriff am 07.10.2010].

KORNDÖRFER, Wolfgang (2003): Allgemeine Betriebswirtschaftslehre, Aufbau,
Ablauf, Führung, Leitung, 13. Auflage, Wiesbaden:
Betriebswirtschaftlicher Verlag Dr. Th. Gabler/GWV Fachverlage GmbH.

KRINGS, Ursula/OBERTH, Christa/ZELLER, Beate: Lernort Betrieb, Berufliche
Qualifizierung von benachteiligten Jugendlichen, Methodische Ansätze für
Ausbilder und Ausbilderinnen, Eine Expertise, Download pdf-Dokument
unter: http://www.f-
bb.de/uploads/tx_fffbb/080422_Expertise_Lernort_Betrieb.pdf, [letzter
Zugriff am 30.09.2010].

KUTT, Konrad (2002): Die Juniorenfirma – eine nachhaltige
Ausbildungsmethode. BIBB. Dokumentation 4. BIBB-Fachkongress 2002.

KUTT, Konrad (2010): Juniorenfirmen auf dem Weg zur nachhaltigen
Entwicklung. Berufsbildungswissenschaftliche Schriften. Band 4/2010. S.
70-76.

KUTT, Konrad: Juniorenfirma in Wittwer, Wolfgang (2005): Methoden der
Ausbildung. Didaktische Werkzeuge für Ausbilder. 3. Auflage. Köln:
Christiani Verlag. S. 29-42.

LANDESMEDIENZENTRUM BADEN-WÜRTTEMBERG (LMZ) (Hrsg.): E-Learning in der
Praxis. Eine Publikation der Medienoffensive Schule II Baden-Würtemberg
für Unterricht und Praxis, Download pdf-Dokument unter:
http://mediaculture-online.de/fileadmin/bibliothek/lmz_e-
learning/MOII_E-Learning.pdf, [letzter Zugriff am 15.10.2010].

LASCH, Rainer/SCHULTE, Gregor (2008): Qualitative Logistik-Fallstudien,
Aufgaben und Lösungen zu Beschaffung, Produktion und Distribution,
Wiesbaden: GWV Fachverlage GmbH.

MANTHEY, Helga (2001): Nachhaltiges Wirtschaften erleben:
Schüler/innenfirmen und nachhaltige Ökonomie. Koordinationsstelle des

BLK-Programms „21": 21 – Das Leben gestalten lernen, Nr. 4/2001, Oktober 2001, Schülerfirmen, Ökom-Verlag.

MAYER, Horst Otto (2004): Multimediales Lernen, in: Mayer, Horst Otto/Treichel, Dietmar Handlungsorientiertes Lernen und eLearning, München: Oldenbourg Verlag, S. 59-75.

MAYER, Horst Otto (2004): Selbstgesteuertes Lernen als Herausforderung in der Informationsgesellschaft, in: Mayer, Horst Otto/Treichel, Dietmar Handlungsorientiertes Lernen und eLearning, München: Oldenbourg Verlag, S. 121-127.

MEYER, Hilbert/JANK, Werner (2000): Didaktische Modelle 7. Auflage, Berlin: Cornelsen Verlag Scriptor.

MEYER, Hilbert (1987): Unterrichtsmethoden,12. Auflage, Berlin: Cornelsen Verlag Scriptor.

MEYER, Rita (2006): Qualitätsentwicklung durch den Einsatz neuer Medien in der Berufsbildung? Forschungsfragen und -methoden aus der Sicht der Bildungsforschung – Fachtagung (BIBB) Bildungsforschung trifft Medienforschung – Perspektiven der Qualitätsentwicklung in der Berufsbildung (09.11.2006)
Download pdf-Dokument
unter:http://www.bibb.de/dokumente/pdf/32_veranstaltung_bildungsforschung_langfassung_meyer.pdf, [letzter Zugriff am 30.03.2010].

MICHEL, Lutz P. (2004): Wunsch und Wirklichkeit – E-Learning, in: KMU in Zinke, Gert/Härtel, Michael, E-Learning: Qualität und Nutzerakzeptanz sichern – Beiträge zur Planung, Umsetzung und Evaluation multimedialer und netzgestützter Anwendungen, Bielefeld: W. Bertelsmann Verlag, Schriftenreihe des BIBB.

MICHEL, Lutz P. (2009): E-Learning und Wissensmanagement in deutschen Unternehmen in Issing, Ludwig J./Klimsa, Paul, Online-Lernen – Handbuch für Wissenschaft und Praxis, München: Oldenbourg Verlag, S. 447-456.

MÜLLER, Martina (2004): Prozessleitfaden zur Entwicklung eines lernfeldstrukturierten KMK-Rahmenlehrplanes, in: Bader, Reinhard/Müller, Martina (Hrsg.), Unterrichtsgestaltung nach dem Lernfeldkonzept, Bielefeld: W. Bertelsmann Verlag, S. 38-53.

MÜLLER, Martina/BADER, Reinhard (2004): Begriffe zum Lernfeldkonzept, in: Bader, Reinhard/ Müller, Martina (Hrsg.), Unterrichtsgestaltung nach dem Lernfeldkonzept, Bielefeld: W. Bertelsmann Verlag, S. 82-95.

MÜLLER, Ulrich (2001): Leittext-Methode, in: Schweizer, Gerd/Selzer, Helmut Maria (Hrsg): Methodenkompetenz lehren und lernen – Beiträge zur Methodendidaktik in Arbeitslehre, Wirtschaftslehre, Wirtschaftgeographie, Dettelbach:Verlag Röll, S. 155-159.

NIEGEMANN, Helmut M. et al. (2004): Kompendium E-Learning, Berlin/Heidelberg;Springer Verlag.

PAHL, Jörg-Peter (2005): Ausbildungs- und Unterrichtsverfahren, Ein Kompendium für den Lernbereich Arbeit und Technik, Bielefeld: W. Bertelsmann Verlag, S. 107-114.

PAWLOWSKI, Jan Martin (2001): Das Essener-Lern-Modell (ELM): Ein Vorgehensmodell zur Entwicklung computerunterstützter Lernumgebungen, Essen, Download pdf-Dokument unter: http://duepublico.uni-duisburg-essen.de/servlets/DerivateServlet/Derivate-10574/JanEDISS.pdf, [letzter Zugriff am 11.10.2010].

PFEIL, Gunnar (2001): Neue Medien – Perspektiven für das Lernen und Lehren in der beruflichen Bildung, Bielefeld: W. Bertelsmann Verlag, (2001) Download pdf-Dokument unter: http://www.lernetblog.de/wp-content/lernet_2001-2007/material/rezension_neue_medien.pdf (Zusammenfassung/Rezension), [letzter Zugriff am 13.04.2010].

PILZ, Matthias: (2007) Fallstudie, Download pdf-Dokument unter: http://www.sowi-online.de/methoden/dokumente/fallstudie_pilz.html, [letzter Zugriff am 12.10.2010].

REGLIN, Thomas (2003): Instrumente selbst organisierten Lernens – Was neue Medien leisten können, in: Reglin, Thomas/Severing, Eckart et al., eLearning für die betriebliche Praxis, Bielefeld: W. Bertelsmann Verlag S. 143-157.

REGLIN, Thomas (2004): Welche Infrastruktur benötigt eLearning?, in: Hahne, K./Zinke, G. (Hrsg.), E-Learning: Virtuelle Kompetenzzentren und Online-Communities zur Unterstützung arbeitsplatznahen Lernens. S. 125-142. Bielefeld: W Bertelsmann Verlag.

REGLIN, Thomas(2003): Was bedeutet Usability netzgestützter Lehr- und Lern-Systeme, in: Loebe, Herbert/Severing, Eckhard, eLearning für die betriebliche Praxis, Bielefeld: W. Bertelsmann Verlag, S. 81-96.

REGLIN, Thomas(2009): Ziele des Einsatzes von eLearning in der beruflichen Bildungsarbeit, Download pdf-Dokument unter: http://deposit.d-nb.de/cgi-bin/dokserv?idn=999034103&dok_var=d1&dok_ext=pdf&filename=999034103.pdf, [letzter Zugriff am 08.10.2010].

REGLIN, Thomas/SEVERING, Eckard (2003): Konzepte und Bedingungen des Einsatzes von eLearning in der betrieblichen Bildung – Erste Ergebnisse der Begleitforschung des Projektes „bbw online", in: Pangalos, Joseph/Spöttl, Georg/Knutzen, Sönke/Howe, Falk (Hrsg.), Informatisierung von Arbeit, Technik und Bildung, Eine berufswissenschaftliche Bestandsaufnahme, Bielefeld: W. Bertelsmann Verlag S. 9-23.

REGLIN, Thomas/SEVERING, Eckart (2003): eLearning in der betrieblichen Bildung – Projekt „bbw online", in: eLearning für die betriebliche Praxis, Bielefeld; Reihe Wirtschaft und Weiterbildung, Bd. 30, S. 9-23, Download pdf-Dokument unter: http://www.bibb.de/dokumente/pdf/einsatzbedingungen-e-learning.pdf, [letzter Zugriff am 01.04.2010].

REUSSER, Ruth (2003): E-Learning als Katalysator und Werkzeug didaktischer Innovation, Beiträge zur Lehrerbildung, 21 (2), Download pdf-Dokument unter: http://www.didac.uzh.ch/videoportal/dvds/einfs/Texte/PDF/Artikel/Reusser03_eLearning.pdf, [letzter Zugriff am 08.10.2010].

ROHDE, Markus, Medienkompetenz – Innovative Methoden und didaktische Konzepte, Download pdf-Dokument unter: http://iisi.de/fileadmin/IISI/upload/papers/Rohde.pdf, [letzter Zugriff am 12.10.2010].

ROTTLUFF, Joachim: Leittext, in: Wittwer, Wolfgang (2000): Methoden der Ausbildung. Didaktische Werkzeuge für Ausbilder. Köln: Deutscher Wirtschaftsdienst.

SALZER, Sigrid (2008): Modellprojekt „effect" – ein Verbundvorhaben zur Entwicklung und zum Einsatz digitaler Medien in der beruflichen Qualifizierung in bwp@ Berufs- und Wirtschaftspädagogik, Download pdf-Dokument unter: http://www.bwpat.de/ausgabe15/salzer_bwpat15.pdf, [letzter Zugriff am 30.03.2010].

SCHELTEN, Andreas (2009): Berufsmotorisches Lernen, in: Bonz, B: Didaktik und Methodik der Berufsbildung, Baltmannsweiler: Schneider Verlag Hohengehren, S. 135-151, Download pdf-Dokument unter:http://www.lrz.de/~scheltenpublikationen/pdf/berufsmotlernenschelteninbonz2009.pdf, [letzter Zugriff am 07.10.2010].

SCHENKEL, Peter (2002): Lerntechnologien in der beruflichen Aus- und Weiterbildung, in: Issing, Ludwig J./Klimsa, Paul, Information und Lernen mit Multimedia und Internet, Weinheim: Beltz PVU, S. 375-385.

SCHRACK, Christian/DORNIGER, Christian (2008): eLearning als Chance zur Individualisierung des Lernens? Individualisierung und Sozialisierung im kollaborativen eLearning: Modelle der Berufsbildung, bmukk II/8, Download pdf-Dokument unter: http://www.bmukk.gv.at/medienpool/17143/individualisierung.pdf, [letzter Zugriff am 30.09.2010].

SCHULMEISTER, Rolf: Virtuelles Lehren und Lernen: Didaktische Szenarien und virtuelle Seminare, Download pdf-Dokument unter: http://www.zhw.uni-hamburg.de/pdfs/VirtLernen%26Lehren.pdf, [letzter Zugriff am 07.10.2010].

SCHULZ-ZANDER, Renate/TULODZIECKI, Gerhard (2002): Multimedia und Internet in der Schule, in: Issing, Ludwig J./Klimsa, Paul (Hrsg.), Information und Lernen mit Multimedia und Internet, Weinheim: Beltz PVU, S. 317-332.

SCI VERKEHR GMBH (2000): Personalentwicklung in der Logistik, Handbuch im Rahmen des Management-Netzwerkes Logistik NRW, Download pdf-Dokument unter: http://www.logistik.nrw.de/fileadmin/upload/PERSONALENTWICKLUNG_IN_DER_LOGISTIK.pdf, [letzter Zugriff am 07.10.2010].

SEVERING, Eckert (2003): Anforderungen an eine Didaktik des E-Learning in der betrieblichen Bildung, in: Dehnbostel, Peter/Dippl, Zorana/Elster, Frank/Vogel, Thomas (Hrsg.),Perspektiven moderner Berufsbildung (2003), Bielefeld: W. Bertelsmann Verlag, S. 19-32.

STEINMANN, Gudrun (2002): Einführung von E-Learning in der betrieblichen Bildung: der Trainer als Erfolgsfaktor, in: Issing, Ludwig J./Klimsa, Paul, (Hrsg.)Information und Lernen mit Multimedia und Internet, Beltz PVU, S. 387-410.

STRZEBKOWSKI, Robert (2006): Didaktik der Berufsbildung (Kapitel 3) aus „Selbständiges Lernen mit Multimedia in der Berufsausbildung", Dissertation, Download pdf-Dokument unter: http://www.diss.fu-berlin.de/diss/servlets/MCRFileNodeServlet/FUDISS_derivate_000000002076/05_Teil1_Kap3_DidaktikDerBerufsbildung.pdf?hosts, [letzter Zugriff am 30.03.2010].

TIEMEYER, Ernst (2005): E-Learning in der beruflichen Bildung. Technologien, Einsatzszenarien, E-. Learning-Didaktik. Darmstadt: Winklers Verlag.

TRAMM, Tade/GRAMLINGER, Franz (2002): Lernfirmen in virtuellen Netzen – didaktische Visionen und technische Potenziale, in Gavranovic, Z./Elster,

F./Rouvel, J./Zimmer, G. E-Commerce und unternehmerisches Handeln – Kompetenzentwicklung in vernetzten Juniorenfirmen (2002), Bielefeld: W. Bertelsmann Verlag, S. 81-95, Download pdf-Dokument unter: http://www.gramlinger.net/f_arbeit/publ/2002_Lernfirmen_in_virtuellen _Netzen_TT-FG.pdf
[letzter Zugriff am 30.09.2010].

TREICHEL, Dietmar (2004): Kollaboratives Lehren, Lernen und Handeln im Blended Learning, in: Mayer, Horst Otto/Treichel, Dietmar (Hrsg.), Handlungsorientiertes Lernen und eLearning, München: Oldenbourg Verlag, S. 197-217.

VERSCHIEDENE AUTOREN (2004): Erfahrungen mit E-Learning in der Berufsbildung, Schweizerisches Institut für Berufspädagogik (SIBP) (2004) Download pdf-Dokument unter: http://www.ehb-schweiz.ch/de/ueberuns/publikationen/Documents/Schriftenreihe/SIBP% 20SR%2024.pdf, [letzter Zugriff am 12.04.2010].

VERSCHIEDENE AUTOREN: E-Learning Anspruch und Praxis, Forum 4, BIBB, Download pdf-Dokument unter: http://www.bibb.de/dokumente/pdf/pr_pr-material_2002_fachkongress_forum4.pdf,[letzter Zugriff am 08.04.2010].

VERSCHIEDENE AUTOREN: Hochschultage 2008 – Qualität in Schule und Betrieb – Tagungsband, Texte zur Wirtschaftspädagogik und Personalentwicklung, Download pdf-Dokument unter: http://www.kibor-tuebingen.de/fileadmin/user_upload/ibor_upload/pdf/Hochschultage-2008-Tagungsband.pdf#page=28, [letzter Zugriff am 30.03.2010].

VON DER STÜCK, Mareike/TREICHEL, Dietmar (2004): Wizards zur Unterstützung des Problem-Based eLearning, in: Mayer, Horst Otto/Treichel, Dietmar, Handlungsorientiertes Lernen und eLearning, München:Oldenbourg Verlag, S. 183-194.

WITTWER, Wolfgang (Hrsg.) (2000): Methoden der Ausbildung, Didaktische Werkzeuge für Ausbilder, Köln: Fachverlag Deutscher Wirtschaftsdienst GmbH.

WOLF, Brigitte (2000): Die Rolle der Bildungstechnologie in der Berufsbildung in Entwicklung und Perspektiven der Bildungstechnologieforschung im BIBB, BWP 1/2000, Download pdf-Dokument unter: http://www2.bibb.de:8080/bwp/pdf/artikel/BWP-2000-H1-05ff.pdf, [letzter Zugriff am 30.03.2010].

ZIMMER, Gerhard (2009): Virtuelles Lernen in der Berufsbildung, in: Issing, Ludwig J./Klimsa, Paul (Hrsg.), Online-Lernen – Handbuch für Wissenschaft und Praxis, München: Oldenbourg Verlag, S. 411-417.

ZINKE, Gert (2008): Lern- und Medienkonzepte in der (über-)betrieblichen Berufsbildung – Tradition und Wandel, in: Howe, Falk/Jarosch, Jürgen/Zinke, Gert (Hrsg.), Ausbildungskonzepte und Neue Medien in der überbetrieblichen Ausbildung, Bielefeld: Bertelsmann Verlag, Schriftenreihe des BIBB, S. 13-28.

ZINKE, Gert/FOGOLIN, Angela (2006): Neue Medien, Lernortkooperation und Ausbildungsqualität, in: den IT- und Elektroberufen – Dokumentation einer Fachtagung (BIBB), Veröffentlichung: 2006, Download pdf-Dokument unter:http://www.kibb.de/cps/documents/kibb/pdf/a32_org_workshopdokumentation_dresden.pdf, [letzter Zugriff am 30.03.2010].

ZINKE, Gert/HAHNE, Klaus (2006): Neue Medien in der Berufsbildung, Dokumentation einer Fachtagung, BIBB (Veröffentlichung: 21.03.2006), Download pdf-Dokument unter: http://www.bibb.de/dokumente/pdf/a32_dokumentation_BIBB_didacta_Fachtagung.pdf [letzter Zugriff am 30.03.2010].

ZINKE, Gert (2006): Qualitätsentwicklung in der Berufsbildung am Beispiel medienpädagogischer Themen – Fachtagung (BIBB) Bildungsforschung trifft Medienforschung – Perspektiven der Qualitätsentwicklung in der Berufsbildung (09.11.2006), Download pdf-Dokument unter: http://www.bibb.de/dokumente/pdf/32_veranstaltung_bildungsforschung_langfassung_zinke.pdf, [letzter Zugriff am 30.03.2010].

Abbildungsverzeichnis

Über tredition

Der tredition Verlag wurde 2006 in Hamburg gegründet. Seitdem hat tredition Hunderte von Büchern veröffentlicht. Autoren können in wenigen leichten Schritten print-Books, e-Books und audio-Books publizieren. Der Verlag hat das Ziel, die beste und fairste Veröffentlichungsmöglichkeit für Autoren zu bieten.

tredition wurde mit der Erkenntnis gegründet, dass nur etwa jedes 200. bei Verlagen eingereichte Manuskript veröffentlicht wird. Dabei hat jedes Buch seinen Markt, also seine Leser. tredition sorgt dafür, dass für jedes Buch die Leserschaft auch erreicht wird

Autoren können das einzigartige Literatur-Netzwerk von tredition nutzen. Hier bieten zahlreiche Literatur-Partner (das sind Lektoren, Übersetzer, Hörbuchsprecher und Illustratoren) ihre Dienstleistung an, um Manuskripte zu verbessern oder die Vielfalt zu erhöhen. Autoren vereinbaren unabhängig von tredition mit Literatur-Partnern die Konditionen ihrer Zusammenarbeit und können gemeinsam am Erfolg des Buches partizipieren.

Das gesamte Verlagsprogramm von tredition ist bei allen stationären Buchhandlungen und Online-Buchhändlern wie z. B. Amazon erhältlich. e-Books stehen bei den führenden Online-Portalen (z. B. iBook-Store von Apple) zum Verkauf.

Seit 2009 bietet tredition sein Verlagskonzept auch als sogenanntes "White-Label" an. Das bedeutet, dass andere Personen oder Institutionen

risikofrei und unkompliziert selbst zum Herausgeber von Büchern und Buch-
reihen unter eigener Marke werden können.

Mittlerweile zählen zahlreiche renommierte Unternehmen, Zeitschriften-,
Zeitungs- und Buchverlage, Universitäten, Forschungseinrichtungen, Unter-
nehmensberatungen zu den Kunden von tredition. Unter www.tredition-
corporate.de bietet tredition vielfältige weitere Verlagsleistungen speziell
für Geschäftskunden an.

tredition wurde mit mehreren Innovationspreisen ausgezeichnet, u. a.
Webfuture Award und Innovationspreis der Buch-Digitale.

tredition ist Mitglied im Börsenverein des Deutschen Buchhandels.